Ira Schneider

Ostwestfalen-Lippe KÜCHENKLASSIKER

Pickert, Pudding, Pumpernickel

Heimat genießen

Wartberg Verlag

Bildnachweis:
Alle Fotos von Ira Schneider, Porträtfoto Ira Schneider von Klaus Görgen

2. Auflage 2025

Gestaltung und Satz: www.ravenstein2.de
Druck: Druck- und Verlagshaus Thiele & Schwarz GmbH, Kassel
Buchbinderische Verarbeitung: Buchbinderei S. R. Büge, Celle

34281 Gudensberg-Gleichen · Im Wiesental 1
Telefon: 056 03/9 30 50 · www.wartberg-verlag.de

ISBN 978-3-8313-2475-0

Ira Schneider

Ostwestfalen-Lippe KÜCHENKLASSIKER

Pickert, Pudding, Pumpernickel

Wartberg Verlag

Heute erleben viele Genießer ihre Heimatküche wieder als liebenswerte Besonderheit. Wie schön war das damals bei Oma, als es nach Sauerbraten roch und sie vom Schlachtfest aus ihrer Kindheit erzählte!
In raffinierter Weise bereiten Köche heute frische Erzeugnisse aus der Region nach traditionellen Vorbildern zu. Auch die Küche in Ostwestfalen-Lippe hat ihren ganz eigenen Charakter. In der deutschen Küchenlandschaft wird sie gerne assoziiert mit Spezialitäten wie Pickert, Pudding und Pumpernickel. Neben Neuinterpretationen von klassischen Speisen findet man immer öfter das Bodenständige – nah am Original von dazumal – wieder. Nach dem Motto „einfach und lecker" darf es auch mal wieder ein Eintopf wie Blindhuhn oder Wuortelpott sein. Ein Kochbuch mit authentischen Rezepten, das die ostwestfälisch-lippische Esskultur, Traditionsgerichte und typische Zutaten dokumentiert, ist kein einfaches Vorhaben. Ohne Unterstützung wäre dies nicht möglich.
Ich bedanke mich herzlich bei meiner Mutter, Magreth Schneider, die handschriftliche Rezepte ihrer Schwiegermutter und meiner Großmutter bis heute sorgfältig archiviert hat und an Feiertagen gerne zu neuem Leben erweckt. An die Küchenklassiker von Oma, die „bei feinen Herrschaften in Köln" jahrzehntelang die Küche geleitet hat, kann sie sich gut erinnern. Auch ich erinnere mich gerne an die Erzählungen meiner „Omama", die viele Anekdoten aus ihrer Kindheit auf dem Hof in Warburg-Bonenburg zu berichten wusste. Dank ihrer lebhaften Schilderungen aus der Küchen- und Gartenpraxis konnten viele für die Region Ostwestfalen-Lippe typische Elemente von früher in dieses Buch mit einfließen.
Ich möchte ebenso der Slow-Food-Gruppe Bielefeld/OWL meinen Dank aussprechen, die viele für die Region noch heute typische Pickert-, Pumpernickel- und Kartoffel-Rezepte zusammengetragen hat. Ein besonderes Dankeschön gilt auch dem westfälischen Autor Willi Krift, der in seinem Band „So kochten wir damals in Westfalen" (Münster: Coppenrath 1986) eine Art Anthologie zu den regionaltypischen Spezialitäten erstellt hat und dem Historiker Gisbert Strotdrees, der in seinem Aufsatz „Die Kartoffel, der König und das Klima – Wie das ‚Manna der kleinen Leute' nach Westfalen kam" (in Sammelsurium 14, 2003) dem Einzug der Kartoffel auf den Grund geht. Ebenfalls besonders danken möchte ich Verena Arendes vom Kräuter- und Kürbis-Hof aus Borgentreich für Input zum „ostwestfälischen Krautbund" und Wilfried Odenthal aus Erftstadt-Erp für kurze Wege zu stets frischen Kartoffeln für meine Foto-Küche.

Ira Schneider

INHALTSVERZEICHNIS

VORWORT

Liebe Leserinnen und Leser!

In diesem Kochbuch finden Sie die Küche Ostwestfalens, wie sie in Privathaushalten von Rahden im Norden bis nach Warburg im Süden heute auf den Tisch kommt. Der Rezeptband hat weder den Anspruch, ein historisches Kochbuch zu sein noch avantgardistische Strömungen aufzugreifen. Viele Rezeptklassiker wie der Wuortelpott, ein Möhren-Kartoffel-Eintopf, aber auch moderne Speisen wie Forelle mit Pumpernickelkruste finden sich im Repertoire der Familien.

Küchenklassiker aus OWL – Pickert, Pudding, Pumpernickel

Der Rezeptkanon für dieses Kochbuch ist nach Recherchen in alten und modernen Kochbüchern aus den letzten hundert Jahren, vor allem aber durch Gespräche mit Bewohnern und durch Aufzeichnungen meiner Großmutter aus Ostwestfalen-Lippe entstanden. Die Rezeptsammlung legt dabei einen Schwerpunkt auf traditionelle Rezepturen, die bis heute zum lebendigen Küchenschatz gehören. Sie zeigt darüber hinaus ebenso, wie Genuss-Menschen in der Region mit frischen heimischen Zutaten kochen.
Alle Klassiker treffen durch kleine Variationen noch immer den Zeitgeist und Geschmack einer aromatischen, unverfälschten Landküche mit einfachen Zutaten. Die Autorin, die auch Landfrau ist, Kochkurse leitet und in verschiedenen Culinaria-Projekten engagiert ist, hat für dieses Buch typische Rezepte der Region zusammengestellt, ausprobiert und selbst fotografisch in Szene gesetzt.
Welche Spezialitäten von Blindhuhn bis Wuortelpott man kennen muss, verrät die Autorin in einem „Who is who“ der Küchenklassiker. Welche typischen Produkte die Region bereithält, erfahren Leser jeweils in einer Einführung zu den einzelnen Kapiteln. Ausflüge in Omas Bauerngarten, die ostwestfälisch-lippische Esskultur und das kulinarische Brauchtum sowie praktische Tipps runden den Band ab.

Sie haben nun Appetit bekommen?
Viel Freude beim Nachkochen, Schmökern und Genießen wünscht

Ira Schneider

TYPISCH OWL

Das muss man kennen(lernen)

Blutklüten (Wurstebrei, Wurstebrot, Wittmett, Prueks in der Pfanne) – Grützwurst, die man aus Schweineblut oder Innereien, Roggen- oder Gerstenschrot, fettem Speck, Schweinefleisch, Mehl und Gewürzen herstellt und in der Pfanne noch mal ausbäckt.

Bokwaiten-Jan-Hinnerk (Bookweiten-Janhinnerek) – ein Buchweizenpfannkuchen mit Speck, den man früher gerne mit kaltem Kaffee anrührte.

Dömpers – eine Art Bratkartoffeln: Die Kartoffeln werden mit Zwiebeln abwechselnd in eine Pfanne geschichtet und bei geschlossenem Deckel geschmort.

Heggengemös – eine Wildkräuter-Gemüse-Suppe.

Hotten (Hoppen) – geronnene („gehottelte") Milch: Sie wird durch ein Leinentuch abgeschüttet. Das Eiweiß, der Weißkäse oder Quark, bleibt übrig und stellt den „Hotten" dar.

Kaul, Kappes – Kohl jeglicher Art war früher im Bauern- und Hausgarten neben Kartoffeln eines der wichtigsten Gemüse. Den Kohl konnte man als Sauerkraut („Sültemus") mit Salzlake einmachen oder auch im Ganzen lange lagern.

Kartoffelkrabbeln (-krusteln) – in heißem Fett gebackene Kartoffelklöße.

Knabbeln – knabbeln heißt soviel wie nagen. Da Weißbrot kostbar war, aß man die getrockneten Reste wie Zwieback. Man trocknete sie und tunkte sie in den Kaffee.

Knisterfinken – Stielmus, Stripmaus, witte Stoppeln oder Rübstiel, die oberirdischen Teile der Speiserübe.

Leineweber – Eierkuchen mit eingebackenen Kartoffelscheiben, ein ehemals Arme-Leute-Gericht, dessen Name auf die Textilarbeiter zurückgeht.

Lippische Ananas (Kläosterfinken, Wrucken) – ihre gelbe Farbe brachte der Steckrübe diesen Namen ein.

Lippische Palmen oder Moos – Grünkohl

Möppkenbrot (Möppkenbraut) – eine helle Schlachtwurst mit Speckstückchen („Möppken") und Roggenmehl oder -schrot.

Panhas – eine Grützwurst aus Schlachtresten und Buchweizenmehl, in Scheiben geschnitten und gebraten. Der Name der Grützwurst leitet sich vom niederdeutschen Wort „Pannharst" ab, was so viel wie „in der Pfanne geröstet" bedeutet.

Pannekauken (Pannekoken) – Pfannkuchen

Pickert – ein Kartoffelpfannkuchen, der traditionell mit Buchweizenmehl bereitet wird. Der Variantenreichtum des ostwestfälischen Nationalgerichts ist unerschöpflich. Sein Name rührt möglicherweise vom plattdeutschen Wort „pecken" für „kleben". Denn man bereitete ihn früher direkt auf der gusseisernen Herdplatte.

Plundermilch – Sauermilch: An der Luft vergorene Milch galt früher als Delikatesse und wurde gerne mit Zimt und Zucker gegessen, heute der Dickmilch ähnlich.

Potthast – der Name dieses Schmorgulaschs, meist auch als Pfefferpotthast bekannt, setzt sich aus Pott (ein Topf) und Hast (ein Stück Rindfleisch) zusammen. Zwiebeln und Lorbeer verfeinern den Geschmack.

Potthucke – ein in einem „Pott hockender", gebackener Kartoffelkuchen.

Prüttkaffee – fein gemahlener Bohnenkaffee, der in einer bauchigen Kanne aufgegossen wird, damit sich der Kaffeesatz (Prütt) setzen kann.

Pudding – früher verstand man darunter eine aus Brot, Gemüse oder Fleisch bestehende Speise, die in einer geschlossenen Form im Wasserbad gegart wird.

Pumpernickel – viele Legenden ranken um das süßliche Roggenvollkornbrot, das als bis zu 20 Kilogramm schwerer rechteckiger Laib aus dem Ofen kommt. Es wird bei hoher Temperatur in einem geschlossenen Kasten angebacken und dann in Dampfbackkammern bei 100° C 16 bis 24 Stunden fertig gegart. Was der Name des Bauernschwarzbrots („Swattbraut") bedeutet, ist nicht genau belegt. So könnte „Pumpernickel" in früheren Zeiten ein Schimpfwort für einen groben Menschen oder Flegel gewesen sein.

Schnibbel-, Schnippel-, Veits- oder Fitzebohnen – neben Sauerkraut und Möhren ließ man früher auch geschnittene grüne Gartenbohnen in großen Steintöpfen durch Milchsäure vergären.

Soppen – Milch- und Brotsuppen waren früher als Frühstücksmahlzeit sehr beliebt.

Struwen – mancherorts auch als Püfferchen bezeichnet, sind Hefepfannkuchen, wörtlich übersetzt bedeutet das Wort „etwas Gekräuseltes".

Töttchen – eine Art süß-saures Ragout: Früher nahm man Innereien vom Rind, heute bilden überwiegend Kalbfleisch und mitunter auch etwas Kalbszunge die Basis.

Wachölderken – Wacholderbranntwein aus Steinhagen am Südhang des Teutoburger Walds, den man traditionell nach einem deftigen Essen zur Verdauung genießt.

Westfälischer Rosenkranz – frische Bratwurst zum Ring gebunden oder lange, zu einer Schnecke gerollte dünne Bratwurst, wird oft mit Bratkartoffeln serviert.

Westfälische Moppelkotze – Blutklüten mit gestampften Kartoffeln und Äpfeln.

Wibbelbohnen – große weiße Bohnen, auch als Acker-, Pferde- oder Saubohnen bekannt, im Volksmund häufig als „graute Baunen" oder dicke Bohnen bezeichnet.

Wuort(t)elpott – ein Möhren-Kartoffel-Eintopf, „Wuort(t)eln" steht für Wurzeln oder Möhren.

AUS DEM BAUERNGARTEN
AUFSTRICHE, SALATE UND EINGELEGTES

Omas Bauerngarten – Kostbarkeiten aus eigener Ernte

Nach dem Muster des klassischen Bauerngartens gestalteten viele Haushalte nach dem Zweiten Weltkrieg ihre Gemüsegärten. Sie pflanzten dort als Grundstock für die eigene Küche Kartoffeln, verschiedene Bohnen- und Kohlsorten, Wurzelgemüse und Salat. Dazu kamen einige Obstbäume wie Kirsche, Pflaume oder Mirabelle, Apfel und Birne. Was eine Zeitlang als piefig und rückschrittig galt, erlebt nun eine Renaissance. Familien entdecken wieder den eigenen Nutzgarten, um dort traditionelle, für die Region bewährte Gemüse, darunter Sorten wie Graue Erbsen, anzubauen.

Tradition, die heute noch weiterlebt

Verschiedene Museen, wie zum Beispiel der Museumshof der Stadt Oeynhausen, das LVL-Freilichtmuseum Detmold, das Bauernhausmuseum und der Museumshof Senne in Bielefeld oder das Heimatmuseum Versmold, pflegen Schaugärten nach altem Vorbild, laden zum Erleben der ostwestfälisch-lippischen Gartenkultur ein und tragen so zum Erhalt der selten gewordenen Lokalsorten bei. Besucher können bei Führungen oder in Form von Workshops die alten Sorten kennenlernen, Rezepte ausprobieren und kosten. Pflanzentauschbörsen und -märkte in der Region bieten die Möglichkeit, das alte Saatgut auch selbst zu erwerben und zu Hause auszusäen. Über die Nutzpflanzen der Bauerngärten hinaus hatten auch selbst gesammelte Wildkräuter und -früchte wie Holunder, Brombeeren oder Pilze früher eine große Bedeutung für den Speisezettel.

Schützender Brauch zu Maria Himmelfahrt

Zu Maria Himmelfahrt am 15. August sammelte man außerdem bis zu 40 Schutzkräuter für den Krautstrauß. Zu den wichtigsten zählen: Großblütige Königskerze, Johanniskraut, Rainfarn, Beifuß, Wilde Karde, Mariendistel, Dost, Weizen, Hafer, Schafgarbe, Echte Kamille, Spitzwegerich, Odermennig und Baldrian. Der schmückende Strauß wird auch heute noch nach altem Brauch getrocknet und das Jahr über aufgehoben, denn er soll Haus und Hof vor Unheil bewahren. Auch Heil- und Gewürzkräuter wie Pfefferminze, Salbei, Liebstöckel, Dill, Schnittlauch, Petersilie, Rosmarin, Thymian und Majoran spielen eine wichtige Rolle. Denn aus Omas Bauerngarten kommt auch erste Hilfe bei Zipperlein und kleineren Verletzungen.

Nicht nur in der Gartensaison, sondern auch im Winter sorgten die eigenen Erzeugnisse früher für Abwechslung auf dem Speisezettel. Die Auswahl war zwar beschränkt, aber dafür naturbelassen und gesund. Bis heute ist ein gut gefülltes Kellerregal mit den selbst Eingemachtem der Stolz eines jeden Hobbygärtners.

EINGELEGTE ZWIEBELN

für 2–3 Gläser

Zutaten

500 g kleine Zwiebeln
200 ml Weißwein
100 ml Weißweinessig
100 g Zucker
1 TL Senfkörner
½ TL Dill, frisch oder getrockneter
Salz

Zubereitung

Die Zwiebeln mit heißem Wasser überbrühen und abkühlen lassen. Die Zwiebeln häuten, dabei den Stielansatz belassen. Wein und Essig mit dem Zucker und den Gewürzen aufkochen. Die Zwiebeln – je nach Größe – darin rund 15 Minuten leise köcheln lassen, sodass sie noch ihren Biss behalten. Die Zwiebeln mit dem Sud in saubere Schraubgläser füllen und fest verschließen. Kühl und dunkel lagern.

TIPP

Das Rezept eignet sich auch zum Einkochen von Gurken-Happen. Landgurken schälen und in 1 cm dicke Scheiben schneiden. Zwei Zwiebeln in Ringe schneiden. Die Gurken und Zwiebel nur kurz glasig kochen!

GRIEBENSCHMALZ

für ein Glas à 350 ml

Zutaten

200 g Griebenschmalz oder
125 g Gänseflomen
65 g Schweineschmalz
50 g durchwachsener Speck, gewürfelt
½ Zwiebel
Salz, frischer oder getrockneter Majoran

Gut zu wissen!

Majoran ist landläufig auch unter dem Namen „Wurstkraut" bekannt, denn das Gewürz verleiht Fleisch und Wurst eine feine Note. Die Inhaltsstoffe des Majorans machen außerdem fetthaltige Speisen bekömmlicher und regen den Appetit an.

TIPP

Mit dem Schmalz lassen sich im Winter Kohl- und Fleischgerichte verfeinern. Gekühlt hält sich das Schmalz über mehrere Wochen.

Zubereitung

2 EL Schmalz in einem Topf erhitzen. Mit Salz würzen und die Zwiebel- und Speckwürfel darin dünsten. Den Rest des Schmalzes zugeben. Alles bei schwacher Hitze ein paar Minuten ziehen lassen. Mit Salz und fein gehacktem Majoran abschmecken. Die Masse abkühlen lassen und in ein Schraubglas oder eine Servierschale füllen. Dazu passt ein Roggenvollkornbrot oder Pumpernickel.

PIKANTE BUTTERVARIATIONEN

für je 1 Glas à 250 ml

Zutaten

Bärlauchbutter
250 g Sauerrahmbutter
1 Bund Bärlauch,
fein geschnitten
½ TL Salz

Nieheimer Käse-Butter mit Kräutern
125 g Süßrahmbutter
3–4 Nieheimer Käse,
fein gerieben
Gartenkräuter, fein gehackt
nach Geschmack alternativ auch
etwas Paprika-Pulver

Schinken-Butter
250 Süßrahmbutter
50 g magere Schinkenwürfel,
fein gehackt
½ TL Salz, 1 Prise Pfeffer

Zubereitung

Die Zutaten jeweils mit der weichen Butter vermengen und die Masse in ein Schraubglas füllen.

Gut zu wissen!

Sauermilchkäse haben eine lange Tradition in Ostwestfalen. Früher bereitete man die kleinen runden Käselaibe aus Sauermilchquark auf fast jedem Hof, um überschüssige Milch zu konservieren. Der wohl bekannteste Sauermilchkäse Ostwestfalens ist der Nieheimer Käse aus dem Kreis Höxter.

TIPP

Dazu reicht man frisches Paderborner Landbrot.

SCHARFER RADIESCHENSALAT

für 4 Personen

Zutaten

1 Bund Radieschen
8 EL Sonnenblumenöl
4 EL Weinessig
1 Zwiebel, fein geschnitten
1 Bund Gartenkräuter (Petersilie, Schnittlauch, Kresse), fein geschnitten
Pfeffer, Salz, Zucker

Zubereitung

Die Radieschen putzen und waschen, in feine Scheiben schneiden und mit einem Teelöffel Salz vermischen, eine gute halbe Stunde stehen lassen. Das ausgetretene Wasser abschütten und die Radieschen ausdrücken.
Aus Öl, Essig, Wasser, Pfeffer, Salz, Zucker und der fein geschnittenen Zwiebel sowie den klein gehackten Kräutern eine Vinaigrette rühren, diese über den Salat geben und durchmengen.

Gut zu wissen!

Radieschen sind geschmacklich dem Rettich sehr ähnlich, haben allerdings eine feinere Schärfe. Beide sind Kreuzblütengewächse und enthalten Senfölglycoside, die für den scharfen Geschmack verantwortlich sind.

TIPP

Zum Salat passt auch hervorragend ein Schmand-Dressing. Hierfür vermischt man 4 EL Weinessig mit 200 ml Schmand und schmeckt mit Kräutern und Gewürzen ab.

FELDSALAT
MIT GERÄUCHERTER GÄNSEBRUST

für 4 Personen

Zutaten

250 g Feldsalat
1 gekochte Rote Bete in Scheiben
150 g Walnusskerne
200 g Gänsebrust, geräuchert und in Scheiben

Für die Marinade
2 kleine Pellkartoffeln
4 EL Walnussöl
2 EL Apfelessig
2 EL Wasser
1 Zwiebel, fein geschnitten
Salz, Pfeffer, Zucker

TIPP

Falls gerade keine geräucherte Gänsebrust vorrätig ist, schmeckt der Salat auch vorzüglich mit Scheiben vom geräucherten Knochenschinken oder man gibt kleine, angebratene Speckwürfel in eine Vinaigrette. Als Vorspeise reicht man ein Pumpernickel mit Schmalz dazu.

Zubereitung

Salat verlesen, waschen und trocken tupfen. Die Walnusskerne in einer Pfanne ohne Fett rösten. Den Salat mit der Roten Bete, den Walnusskernen und der Gänsebrust auf einer Servierplatte anrichten. Die Pellkartoffeln mit der Gabel zerdrücken und zusammen mit den angegebenen Zutaten zu einer Marinade verrühren und durchziehen lassen. Kurz vor dem Servieren die Marinade über den Salat geben oder dazureichen.

ROTER KAPPESSALAT

für 4 Personen

Zutaten

½ Rotkohl
6 EL Rapsöl
2 EL Rotwein- oder
Himbeer-Essig
Salz, Pfeffer, Honig

Gut zu wissen!

Rotkohl bleibt schön rot, wenn man einen Schuss Essig an den Kohl gibt. Natron verstärkt indes beim Kochen die blauen Farbpigmente.

Zubereitung

Den halben Rotkohlkopf putzen. Dafür äußere Blätter sowie harte Rippen entfernen, vierteln und Strunk rausschneiden. Den Kohl mit einem großen Gemüsemesser auf etwa fünf Millimeter breite Streifen schneiden. In einer Pfanne in Rapsöl und Rotwein- oder Himbeer-Essig kurz andünsten mit Salz, Pfeffer und Honig abschmecken. Warm oder kalt servieren.

TIPP

Wer's deftig mag, kann zuerst Schalotten und Speck anbraten und den Rotkohl dann zugeben. Auch Schafs- und Ziegenkäse nach Feta-Art oder Apfelwürfel schmecken lecker im Rotkohlsalat.

HERINGSSALAT

für 4–6 Personen

Zutaten

600 g Matjesfilet, küchenfertig
300 g Pellkartoffeln, gepellt
3 Äpfel (vorzugsweise Elstar oder Cox Orange)
1 Glas Rote Bete
2 Zwiebeln
1 Glas saure Gurken
Petersilie für die Dekoration

Für die Marinade
300 g Joghurt
200 g Schmand
100 g Mayonnaise
etwas Essig-Sud von den eingelegten Gurken und Roten Beten
Salz, Pfeffer, Zucker

Zubereitung

Saure Gurken und Rote Bete auf einem Sieb abtropfen lassen. Den Essigsud auffangen. Die Äpfel und die Zwiebeln schälen und fein würfeln. Heringsfilet, Pellkartoffeln, Rote Bete und saure Gurken ebenso auf kleine Würfel oder auf feine Scheiben schneiden. Aus den angegebenen Zutaten eine Marinade herstellen und mit Essigsud und Gewürzen abschmecken. Die kleingewürfelten Zutaten mit der Marinade vermengen und vor dem Servieren bis zu zwei Tage gut durchziehen lassen.

TIPP

Nach Belieben können auch hart gekochte Eier in den Heringssalat geschnitten werden.

KARTOFFELSALAT

für 4–6 Personen

Zutaten

1 kg festkochende Kartoffeln
1 Zwiebel
6 EL Rapsöl
4 EL Weinessig
250 ml Fleisch- oder Gemüsebrühe
Salz, Pfeffer, Zucker nach Geschmack
1 Bund Schnittlauch und Petersilie
Radieschen, saure Gurken oder hart gekochte Eier

Gut zu wissen!

Neben Heringssalat aus Matjesfilets war der Kartoffelsalat mit Würstchen früher an Festtagen ein beliebter Abendschmaus. Auch Varianten mit gebratenen Speckwürfeln und Gürkchen oder mit Saure-Sahne-Sauce sind bekannt.

Zubereitung

Die Kartoffeln als Pellkartoffeln garen, etwas abkühlen lassen und pellen. Dann die Kartoffeln in feine Scheiben schneiden. Die Zwiebel und die Kräuter fein hacken. Aus den angegebenen Zutaten eine Vinaigrette rühren. Vinaigrette und Schnittlauch über die Kartoffelscheiben geben und miteinander vermengen. Den Salat gut durchziehen lassen. Vor dem Servieren nochmals abschmecken und mit Radieschen, sauren Gürkchen oder hart gekochten Eiern dekorieren.

SCHWARZWURZELSALAT

für 4 Personen

Zutaten

500 g Schwarzwurzeln
Saft von einer Zitrone
2 EL Apfelessig
2 EL Sonnenblumenöl
100 g Joghurt oder Dickmilch
1 TL Senf
Salz, Pfeffer, Zucker
Petersilie

Gut zu wissen!

Beim Schälen von Schwarzwurzeln empfiehlt es sich, Handschuhe zu tragen, da der aus den Wurzeln austretende Milchsaft klebt und die Haut dunkel färbt. Schwarzwurzeln sind eng mit dem Löwenzahn verwandt und heißen im Volksmund auch „Winterspargel". Von Oktober bis April haben die schwarzen Wurzeln Saison und passen wie echter Spargel auch gut zu Schinken und zu einer holländischen Sauce.

Zubereitung

Die Schwarzwurzeln waschen und abbürsten. Die Stangen dünn schälen und die Enden abschneiden, in 4 cm lange Stücke schneiden. Die Schwarzwurzelabschnitte in etwas Wasser legen und den Zitronensaft zugeben. In einem Topf Wasser zum Kochen bringen und etwas Salz zugeben. Die Abschnitte zugedeckt bei mittlerer Hitze darin rund 10 Minuten garen. Sie sollten bissfest bleiben.
In der Zwischenzeit aus den übrigen Zutaten eine Marinade rühren und die Petersilie fein hacken. Die Schwarzwurzelabschnitte abschütten und abtropfen lassen und in der Marinade durchziehen lassen. Mit Petersilie überstreuen und mit etwas Brot servieren.

WARMER STECKRÜBENSALAT
MIT METTWURST

für 4 Personen

Zutaten

½ Steckrübe
2 Mettwürstchen
3 EL Weinessig
3 EL Rapsöl
Salz, Pfeffer, Zucker
frische Petersilie

Zubereitung

Die Steckrübe schälen und in Stifte schneiden. Diese in Salzwasser einige Minuten garen, sodass sie noch bissfest sind. Abschütten. Mettwurst in schräge Scheiben schneiden und mit etwas Fett in der Pfanne anbraten. Die Steckrübenstifte zugeben und kurz mit braten lassen. Mit Weinessig und Rapsöl ablöschen. Mit Salz, Pfeffer und Zucker abschmecken. Mit gehackter Petersilie bestreuen und servieren.

Gut zu wissen!

Die Steckrübe ist eine Kreuzung aus Rübsen und Gemüsekohl. Das leicht bittere, nussig schmeckende Wurzelgemüse zählt in der Küche heute zu den wiederentdeckten alten Sorten.

TIPP

Der Steckrübensalat ist eine herzhafte Vorspeise und passt auch zu einer Brotzeit.

APFEL-SAUERKRAUT-SALAT

für 4 Personen

Zutaten

400 g Sauerkraut
2 süß-säuerliche Äpfel
(z.B. Elstar, Cox Orange
oder Berlepsch)
2 kleine Zwiebeln

Für die Marinade
8 EL Apfelessig
8 EL Sonnenblumenöl
2–4 TL Zucker (je nach Säure
des Krauts)
Salz, Pfeffer

Gut zu wissen!

Weißkohl gehört im Winter zu den Vitamin-C-Lieferanten Nummer eins. Ob kurz blanchiert als Salat, gegart als Gemüse oder eingelegt als Sauerkraut – der Weißkohl ist in der Regional-Küche vielseitig gefragt und hat eine lange Tradition. Früher hobelte man den Kohl auf einem Kappesbrett und schichtete ihn mit Salz in große Steintöpfe, wo er über Wochen zu schmackhaftem Sauerkraut vergor.

Zubereitung

Das Sauerkraut je nach Säure etwas wässern und abtropfen lassen. Die Zwiebeln fein hacken, die Äpfel nach Geschmack schälen, in kleine Würfel schneiden oder reiben. Mit dem Sauerkraut mischen. Aus den übrigen Zutaten eine Vinaigrette rühren und über den Salat geben. Diesen gut durchziehen lassen und als Rohkost zu einer Brotzeit servieren.

WILDKRÄUTER-PESTO

für 2 Gläser à 250 ml

Zutaten

1 großer Bund Wildkräuter (Löwenzahn, Ackersenf, Sauerklee, Giersch, Wegerich)
125 g Sonnenblumenkerne
125 g Hartkäse, gerieben
1 Knoblauchzehe
250 ml Sonnenblumenöl
Pfeffer, Salz, Honig

Zubereitung

Die Sonnenblumenkerne in einer Pfanne ohne Fett anrösten und in einem Mörser zerstoßen. Hartkäse reiben, Kräuter und Knoblauchzehe fein hacken. Die Zutaten ohne den Käse in ein hohes Gefäß geben und mit dem Öl fein pürieren. Käse unterheben und mit den Gewürzen abschmecken. In Gläser mit Schraubverschluss abfüllen und im Kühlschrank aufheben. Das Pesto ist etwa 2–3 Wochen haltbar.

TIPP

Das Pesto schmeckt lecker auf Brot. Es passt auch zu neuen Kartoffeln, zu Eierspeisen sowie zu kalten Gemüse- und Fleischplatten.

Das heimische Ei: Täglich als Pickert auf den Teller

Eier zählen zu den vielseitigsten Zutaten in der Küche. Auch in Ostwestfalen-Lippe prägten sie den Speisezettel der Landbevölkerung und haben bis heute ihre Spuren hinterlassen. So ist seit dem 18. Jahrhundert der Pickert, ein Pfannkuchen, das Nationalgericht des Lipper-, des Paderborner und des Ravensberger Lands. Es gibt ihn in so mannigfachen Varianten, dass man die Region auch gerne noch heute scherzhaft als „Pickertland" bezeichnet.

Knusprige Kuchen mit Geschichte

Mit Aufkommen der ersten Kanonenöfen fanden die kleinen runden, leicht salzigen Mehlpfannkuchen mit geriebenen rohen Kartoffeln Einzug in die Alltagsküche. Als Hauptgericht, als Beilage zu Suppen oder auch als Zwischenmahlzeit zu einer Tasse Kaffee reicht man sie bis heute mit Butter, geräucherter Leberwurst, Rübenkraut oder Pflaumenmus. Ursprünglich bereitete man den Pickert auf der gusseisernen, mit einer Speckschwarte abgeriebenen Platte des Küchenherdes. Das Wenden der Kartoffelpuffer kommt Zeitzeugen zufolge einem Kunststück gleich, denn häufig bleiben die Küchlein auf dem Herd oder in der Pfanne „pecken" (kleben).

Mannigfache Varianten im Pickertland

Der Pickert, früher ein Arme-Leute-Gericht, erfreut sich heute als regionale Spezialität großer Beliebtheit. Besonders Kastenpickert, früher der reicheren Bevölkerung vorbehalten, gibt es nach alten Familienrezepten auch auf Wochenmärkten frisch aus der Pfanne zu kaufen.

Je nach Zubereitungsart unterscheidet man zwischen Rosinenpickert, Speckpickert, Lappenpickert, Gestpickert oder Gemüsepickert. Aus dem Ravensberger Land stammt der Lappenpickert, welcher sehr flach ist und ohne Hefe zubereitet wird. In einer gusseisernen Pickertpfanne, auch „Plate" genannt, mit flachem Rand und zwei Henkeln, backt man traditionell drei flache Küchlein aus, die dann aufeinandergelegt werden. Ein wenig an ein Rosinenweißbrot erinnert der Kastenpickert, der rund um Bielefeld und in Lippe-Schaumburg zu Hause ist. Die Pickertmasse wird in einer Kastenform im Ofen gebacken. Scheibenweise brät man ihn dann in der Pfanne aus.

In der Senne am Westhang des Teutoburger Walds, wo sandige Böden vorherrschen, bereitete man den Lappenpickert vorzugsweise mit heimischem Buchweizenmehl und ohne Hefe. Die flachen, etwas zähen Küchlein dienten in Notzeiten als Brotersatz und schmecken auch so ähnlich wie eine Scheibe Vollkornbrot. Noch einmal aufgebacken sind sie auch am nächsten Tag mit Butter und Rübenkraut bestrichen noch köstlich!

LAPPENPICKERT

für 4 Personen

Zutaten

1 kg Kartoffeln,
geschält und gerieben
3 Eier
2–3 EL Buchweizenmehl
oder -grütze
3–4 EL saure Sahne
Salz
Schmalz zum Ausbacken

Zubereitung

Aus Eiern, Mehl, saurer Sahne und Salz einen Teig bereiten. Die Kartoffelspäne ausdrücken, damit sie nicht zu feucht sind und darunterziehen. Den Teig portionsweise als kleine oder jeweils einen großen Kuchen in der Pfanne ausbacken. Dazu passen Hering oder Räucherfisch oder Rübenkraut und Marmelade.

Gut zu wissen!

Eine Variante des Pfannenpickert ist auch der „Ravensberger Lappenpickert“. Er wird ähnlich bereitet. Man nimmt für den Teig ein Drittel Mehl, ein Drittel Milch, ein Drittel geriebene rohe Kartoffeln und mehrere Eier. Er wird gerne aufgewärmt mit Butter oder Marmelade gereicht. Wer fettes Schweinefleisch („Schmull“) zwischen die fertigen Lappenpickerts legt, erhält einen Schmullpickert.

LIPPISCHER PICKERT
(GESTPICKERT)

für 4 Personen

Zutaten

500 g Weizenmehl oder Buchweizen- und Weizenmehl (50:50)
500 g Kartoffeln
250 ml Milch
40 g Hefe
5 Eier
1 TL Salz
1 Handvoll Rosinen (nach Geschmack)
Fett zum Ausbacken

Zubereitung

Aus der Hefe, einem Teil der erwärmten Milch und einem Teil des Mehls einen Vorteig ansetzen. Diesen gehen lassen, bis er Bläschen wirft. In der Zwischenzeit Kartoffeln schälen und reiben, etwas ausdrücken und zu dem Vorteig geben, mit den restlichen Zutaten zu einem Teig verarbeiten. Diesen bis zu anderthalb Stunden an einem warmen Ort gehen lassen, bis er sich nahezu verdoppelt hat. Den Teig portionsweise in der Pfanne zu kleinen Küchlein ausbacken. Dazu reicht man eine Tasse Kaffee und bestreicht den Pickert mit Butter.

Gut zu wissen!

Gest heißt wörtlich übersetzt „gärender Schaum“ und ist ein anderes Wort für Hefe. Hefepilze brauchen etwas Zeit, Zucker und Wärme, um arbeiten zu können.

TIPP

Klassischerweise passen zur Pickertmahlzeit Leberwurst, Pflaumenmus oder Rübenkraut.

DICKER PICKERT
(KASTENPICKERT MIT ROSINEN)

für eine Kastenform

Zutaten

1 kg geschälte, geriebene Kartoffeln
500 g Weizen- oder Buchweizenmehl
50 g Zucker
30 g Hefe
300 ml Milch
250 g Rosinen
2 Eier
1 TL Salz
Fett und Semmelbrösel für die Kastenform

Gut zu wissen!

Die Pickerts und Püfferchen dienten früher als schnelle Zwischenmahlzeit und sparten das Brot.

TIPP

Mit süßen und herzhaften Aufstrichen kann der Pickert zum Nachmittagskaffee gereicht werden.

Zubereitung

Aus der Hefe, einem Teil der erwärmten Milch und einem Teil des Mehls einen Vorteig ansetzen. Diesen gehen lassen, bis er Bläschen wirft. In der Zwischenzeit Kartoffeln schälen und reiben, etwas ausdrücken und zu dem Vorteig geben, mit den restlichen Zutaten zu einem Teig verarbeiten, gut durchkneten und eine gute Stunde gehen lassen. Den Teig in die vorbereitete Kastenform geben und bei rund 200° C (Ober-Unterhitze) bis zu 80 Minuten goldbraun backen lassen. Den Pickert in der Form etwas abkühlen lassen und nach einigen Stunden oder am nächsten Tag wie ein Brot in fingerdicke Scheiben schneiden. Die Scheiben kurz vor dem Servieren in etwas Butter in der Pfanne anbraten.

GEMÜSE-PICKERT

für 8 Stück

Zutaten

1/4 von einer Steckrübe oder einem Kürbis
1 dicke Möhre
1 Schalotte
2–3 Eier
1 EL Schmand
Pfeffer, Salz
Rapsöl

Zubereitung

Steckrübe oder Kürbis und Möhre schälen und in Stifte hobeln. Die Schalotte häuten und klein hacken. Die Eier mit dem Schmand und den Gewürzen vermischen und die Gemüsestifte unterheben. Den Teig portionsweise in der Pfanne in ausreichend Öl von beiden Seiten goldbraun backen. Dazu passt ein Salat und etwas körniger Frischkäse mit Frühlingslauch.

TIPP

Von dem Rest der Knolle lässt sich ein leckerer Eintopf bereiten. Das Rezept für Steckrübenragout findet sich unter dem Titel „Lippische Ananas“ auf S. 75.

STRUWEN

für 12–14 Stück

Zutaten

500 g Weizenmehl
400 ml Milch
125 g Zucker
40 g Hefe
½ TL Salz
60 g Butter
1 Ei
125 g Rosinen oder Korinthen
Fett zum Ausbacken

Für die Dekoration
Zimt und Zucker oder Fruchtkompott

Gut zu wissen!

Besonders im benachbarten Münsterland ist das gekräuselte Hefe-Gebäck ein klassisches Karfreitagsessen. Mancherorts wird der Struwen auch „Püfferchen" genannt.

TIPP

Struwen schmecken auch lecker, wenn sie mit Buchweizenmehl oder kleinen Apfelstücken bereitet werden.

Zubereitung

Aus einem Teil des Mehls mit etwas Zucker, lauwarmer Milch und dem Hefewürfel einen Hefevorteig ansetzen. Den Teig gut 20 Minuten ruhen lassen. Dann die anderen Zutaten zum Teig geben und alles gut durchkneten, bis sich der Teig vom Schüsselboden löst. Dabei mit etwas zusätzlichem Mehl aufarbeiten. Abermals rund 60 Minuten gehen lassen. In einer heißen Pfanne den Teig portionsweise zu kleinen Kuchen ausbacken. Mit Zimt und Zucker bestreuen oder mit Fruchtkompott reichen.

LEINEWEBER

für 1–3 Stück

Zutaten

200 g Weizenmehl
500 ml Milch
4 Eier
Salz, Pfeffer, Muskat
Fett zum Ausbacken
3–4 Pellkartoffeln
100 g Schinkenspeck, gewürfelt oder in Scheiben
oder alternativ gedünstetes Gemüse, zum Beispiel Spinat

Zubereitung

Aus Mehl, Milch und Eiern einen Eierkuchenteig rühren, mit den Gewürzen abschmecken. Ausreichend Fett in der Pfanne auslassen. Die Pellkartoffeln pellen und in Scheiben schneiden. Den Pfannenboden damit bedecken und kurz anbraten lassen. Schinkenspeck oder Gemüse zugeben und den Eierkuchenteig darübergießen. Je nach Größe der Pfanne und Dicke der Eierkuchen ergibt die Masse bis zu drei Leineweber.

Gut zu wissen!

Der Leineweber ist ein Kartoffeleierkuchen, für den man früher gerne Pellkartoffelreste verwertete. Sein Name rührt von der Beliebtheit des Gerichts bei den einfachen Textilarbeitern. Besonders rund um den Teutoburger Wald baute man früher Flachs an. Die Stadt Bielefeld ist noch heute bekannt für ihre Textilfabriken und feinsten Leinenstoffe. Nicht umsonst erhielt sie den Namen „Leineweberstadt“.

TIPP

Auf ähnliche Weise, nur mit grob geriebenen Kartoffeln („Piller“), bereitet man Pillekauken. Dieser ist mancherorts auch als Schnippelkuchen bekannt.

BOOKWETEN JANNHINNERK
(BUCHWEIZENPFANNKUCHEN)

für 6 Stück

Zutaten

125 g Buchweizenmehl
250 ml kalter Kaffee oder Buttermilch
1 Ei
1 TL Salz
50 g Speck, gewürfelt
Fett für die Pfanne

Zubereitung

Buchweizenmehl mit Kaffee, Ei und Salz zu einem Teig verarbeiten. Den Teig eine gute halbe Stunde ruhen lassen. Speck in der Pfanne auslassen und den Teig portionsweise zu kleinen Küchlein ausbacken.

Gut zu wissen!

Der nussig schmeckende Buchweizen war früher besonders in kargen Gegenden eine beliebte Feldfrucht. Botanisch gesehen, zählt er nicht zu den Getreiden, da er kein Klebereiweiß (Gluten) enthält.

TIPP

Der Speck-Pfannkuchen schmeckt auch als Pickert mit geraspelten Kartoffeln. Statt Speck können auch Äpfel und Rosinen verwendet werden.

REIBEKUCHEN
MIT SCHNIBBELSCHINKEN

für 12–14 Küchlein

Zutaten

1000 g Kartoffeln
2 Eier
wahlweise 1 Zwiebel
2–3 EL feine Haferflocken oder eine geriebene Kartoffel
Salz, Pfeffer
Fett zum Ausbacken
200 g Sauerrahm
1 Bund frische Gartenkräuter
Salz, Pfeffer
100 g roher oder gekochter Schinken

Gut zu wissen!

Da der in Streifen geschnittene Schinken an Regenwürmer erinnert, läuft er mancherorts auf Speisekarten auch als „Pannekoken mit Pillewörmer". Der Schnibbelschinken verleiht vielen Gerichten ein würziges Aroma.

Zubereitung

Die Kartoffeln schälen und auf einer Reibe fein raspeln oder in dünne Scheiben und anschließend in feine Streifen schneiden. Die Kartoffelmasse auspressen oder auf einem Sieb abtropfen lassen, sodass die Flüssigkeit entweicht.
Die Zwiebel in feine Stücke schneiden. Zusammen mit den Kartoffeln und den restlichen Zutaten zu einem Teig rühren und portionsweise im heißen Fett zu kleinen Kuchen ausbacken. Auf einem Küchenkrepp abtropfen lassen. Sofort servieren oder im Backofen warm stellen. Den Sauerrahm mit Salz und Pfeffer verrühren, die gehackten Gartenkräuter unterheben und auf den Reibekuchen anrichten. Mit den Schinkenstreifen dekorieren.

BLINDER FISCH
(BROTPFANNKUCHEN)

für 4 Personen

Zutaten

4 dicke Scheiben Kastenweißbrot, altbacken
400 ml Milch
4 Eier
Salz, Zucker, Zimt
Apfel- oder Quittenmus

Gut zu wissen!

Weißbrotscheiben wurden früher gerne in Stücke gerissen und im Backofen getrocknet. Die „Knabbeln“ wurden dann in Milchkaffee mit Zucker gebrockt und ausgelöffelt. Auch als „Fettsoppe“, mit Brühe und Schmalz übergossen, aß man die trockenen Brotstücke zum Frühstück.

TIPP

Wer es noch gehaltvoller mag, kann Brot-Pfannkuchen oder „Altwestfälische Zwiebackschnitten“ bereiten. Man taucht Brot- oder Zwiebackscheiben zunächst in gezuckerte Milch und rührt zusätzlich einen Eierkuchenteig (siehe Rezept „Leineweber“). Nachdem die Brotscheiben angebraten sind, gibt man den Eierkuchenteig portionsweise darüber und bäckt die Brot-Pfannkuchen bei mittlerer Hitze von beiden Seiten goldgelb.

Zubereitung

Die Eier mit der Milch verquirlen und in einen Suppenteller geben. Die Scheiben vom Kastenweißbrot in der Mitte durchschneiden und nacheinander kurz in die Eiermasse eintauchen. Beiseite legen. Eine Pfanne mit ausreichend Fett erhitzen und die Brotscheiben von beiden Seiten goldgelb ausbacken.
Mit Zimt und Zucker bestreuen und mit Apfel- oder Quittenmus servieren.

OBST-PFANNKUCHEN

für 4 Stück

Zutaten

100 g Mehl
250 g Milch
2 Eier
1 EL Zucker
1 Prise Salz
frische Brombeeren, entsteinte Pflaumen, Kirschen oder klein geschnitte Apfelstücke
Fett zum Ausbacken

Zubereitung

Mehl, Milch, Eier, Zucker und Salz zu einem geschmeidigen Teig verrühren. Den Teig etwas ruhen lassen. Eine Pfanne mit Fett erhitzen. Den Teig portionsweise zu Küchlein verarbeiten. Dabei das vorbereitete Obst auf die Küchlein geben und diese von beiden Seiten goldgelb backen.

TIPP

Wer die Küchlein gerne fluffiger mag, trennt die Eier und hebt kurz vor dem Backen Eischnee unter den Teig.

FLEISCHPFANNKUCHEN

für 4 Stück

TIPP

Im Herbst schmecken die Pfannkuchen mit frischen Pfifferlingen! Wer gerne süße Kuchen mag, kann den Teig auch mit 2 EL Zucker bereiten und mit Obstkompott füllen.

Zutaten

4 Eier
200 g Weizenmehl
250 ml Milch
Salz, Pfeffer, Muskat
Fett für die Pfanne

Für die Füllung

400 g Hackfleisch halb und halb
200 g frische Champignons
4 Stangen Frühlingszwiebeln
2 Zwiebeln, in Ringe geschnitten
1 Zwiebel, gewürfelt
125 ml Sahne
175 ml Milch
1 TL Speisestärke
Paprika- und Currypulver

Zubereitung

Mehl und Milch in einer Schüssel zu einem Teig verrühren. Eier und Gewürze zugeben und glatt rühren. Etwa 20 Minuten ruhen lassen.

In einer ausreichend großen Pfanne das Fett erhitzen und vier Pfannkuchen backen. Die Pfannkuchen im Ofen warm stellen.

In der Zwischenzeit die Pilze in Scheiben schneiden und zusammen mit den Frühlingszwiebel- und Zwiebelringen in der Pfanne andünsten.

Ebenfalls warm stellen.

Das Hackfleisch mit der gewürfelten Zwiebel anbraten, damit Röststoffe entstehen. Salzen und pfeffern. Nach dem Garen des Fleisches mit Sahne und Milch ablöschen, etwas Stärke in Milch auflösen und zum Binden der Hackfleisch-Zwiebel-Masse zugeben. Ein Teil der Pilze, Lauch- und Zwiebelringe unter die Füllung mischen und in die Pfannkuchen einrollen. Die Pfannkuchen mit dem Rest des Gemüses anrichten und servieren.

SCHINKEN-TÖRTCHEN

für einen Tortenboden mit 26 cm oder 6–8 Törtchen à 10–12 cm Ø

Zutaten

300 g Weizenmehl
1 Prise Salz
2 Eier
125 g weiche Butter
Fett und Brösel für die Backform

Für die Füllung
2 Eier
100 g Bauernkäse nach Gouda-Art, gerieben
Salz, Pfeffer, Muskat
100 g Schinkenspeck
2 Frühlingszwiebeln oder
1 Zwiebel

Zubereitung

Die Zutaten in eine Schüssel geben und mit der Hand oder mit Knethaken (auf kleiner Stufe) zu einer homogenen Masse verarbeiten. Den Teig zu einer Kugel formen und etwa eine Stunde kalt stellen oder in etwas Folie eingewickelt über Nacht ruhen lassen. Den Teig ausrollen und in die gefetteten und mit Bröseln ausgestreuten Törtchenformen drücken.
Bei 190° C Ober-Unterhitze rund 15 Minuten blind backen, dann die Füllung auf den Teig geben und weitere 15–20 Minuten lang fertig backen lassen. Die kleineren Törtchen sind schon etwas schneller goldbraun als eine große Tarte!
Als Basis für die Füllung Eier mit dem geriebenen Käse verquirlen, mit Salz, Pfeffer und Muskat abschmecken. Frühlingszwiebeln oder Zwiebeln putzen und in feine Ringe oder Stücke schneiden.

TIPP

Auch Speck mit Sauerkraut oder gedünstetem Spitzkohl schmeckt lecker als Füllung!

Hausgemachte Spezialitäten aus der Region

Beinahe jede Familie schlachtete früher zwei Schweine pro Jahr. Durch Pökeln wurde das Fleisch haltbar gemacht, sodass man fast das ganze Jahr etwas davon hatte.

Ein Himmel voller Schinken

Besonders der feine Westfälische Knochenschinken gilt als traditionsreiche Spezialität und ist bis heute eine ausgesuchte Delikatesse der Region. Der Rohschinken verdankt sein würziges Aroma einem besonderen Verarbeitungsverfahren, bei dem der Knochen bis zuletzt am Schinken verbleibt. Der Schinken wird zunächst einige Wochen von Hand trocken gepökelt, auf einem Gestell über dem Rauchfang des Kamins („Westfälischer Himmel“) getrocknet und dann drei bis fünf Monate in einer Räucherkammer über Wacholderbeeren und Buchenholz kalt geräuchert. Beste Qualitäten haben eine Herstellungszeit von sechs bis zu 18 Monaten.

Traditionelle Handwerkskunst

Die Schutzgemeinschaft Westfälische Schinken- und Wurstspezialitäten, ein Zusammenschluss aus Herstellern, steht mit seinem Siegel für die regionale Handwerkskunst. Über regionale Vermarktungsinitiativen wie Senne Original und Lippequalität e.V. erfahren Genießer, wo man regionale Fleisch- und Wursterzeugnisse erwerben kann. Das „Westfalen Culinarium“ in Nieheim informiert über die Geschichte und Herstellung der westfälischen Spezialitäten Schinken, Pumpernickel, Sauermilchkäse, Bier und Schnaps.

Resteküche mit Fleisch

Beim Schlachten gibt es auch jede Menge „Reste“. Die landläufig als nicht so edel angesehenen Fleischteile, vor allem die Innereien, wurden früher nicht achtlos weggeworfen. Noch am Schlachttag selbst bereitete man nach alten Familienrezepten Blut- und Grützwürste wie Blutklüten. Das Schweineblut verarbeitete der Familienverbund während der Hausschlachtung darüber hinaus zu Panhas oder Möppkenbrot. Auch bekannte Fleischgerichte wie Töttchen, Pfefferpotthast oder Blutgemüse wurden mit Schlachtabfällen bereitet oder mit Blut abgeschmeckt. Für den Potthast legte man ursprünglich die Innereien einige Tage in Salz ein, wässerte sie dann und kochte sie mit etwas Gemüse. Heute werden Töttchen und Potthast überwiegend ohne Innereien hergestellt und zählen zu den feineren Fleischgerichten, die einem Ragout ähnlich sind.

BLUTGEMÜSE

für 4 Personen

Zutaten

250 g Trockenpflaumen ohne Stein
1 kg Schweinefleisch von Rippe, Bauch, Backe oder Haxe
4 große Zwiebeln
2 Lorbeerblätter
3 Nelken
600 g Kartoffeln
200 ml Schweineblut oder Rotwein
1–2 TL Stärkemehl
Essig, Salz, Zucker

Gut zu wissen!

Aus Kleinteilen vom Schwein bereitet man gerne in ähnlicher Weise „Schweinefleisch schwarzsauer" oder einen Schweinepfeffer zu. Das Fleisch wird mit Zwiebeln und Lorbeerblättern in etwas Fett braun geschmort. Man gießt dann etwas Blut, Brühe oder obergäriges Bier an, bindet die Flüssigkeit mit Mehl und gibt Essig und einige Esslöffel Rübenkraut dazu.

TIPP

Blutgemüse brennt schnell an, sobald die zuckerhaltigen Pflaumen zugegeben werden. Daher das Rühren nicht vergessen!

Zubereitung

Die Trockenpflaumen in eine Schüssel geben und mit kaltem Wasser bedecken. Das Fleisch in grobe Würfel schneiden. Die Zwiebeln schälen und in Ringe schneiden. Fleisch, Zwiebeln und Gewürze mit einem Liter Wasser aufsetzen und bis zu anderthalb Stunden köcheln lassen. Die Kartoffeln schälen, in kleine Würfel schneiden und mit den eingeweichten Pflaumen samt Sud zu dem gekochten Fleisch geben. Sobald die Kartoffelwürfel gar sind, das Blut oder den Rotwein mit dem Stärkemehl verrühren und das Blutgemüse damit binden. Nelken und Lorbeerblätter entfernen. Mit Essig und Zucker abschmecken und servieren.

SPANISCH FRIKKO

für 4 Personen

Zutaten

500 g Schweineschulter
500 g Rinderschulter
1 kg Kartoffeln
1 kg Zwiebeln
Butter
3 EL Sahne
Salz, Pfeffer

Zubereitung

Die Zwiebeln schälen und würfeln. In etwas Butter anschmoren und beiseitestellen. Fleisch in Würfel schneiden. Kartoffeln schälen und ebenfalls würfeln, abwechselnd mit Fleisch und Zwiebeln in einen Topf schichten. Jede Lage mit etwas Butter, Salz und Pfeffer versehen. Sahne obenauf geben. Topfdeckel schließen und den Topf im Wasserbad zweieinhalb bis drei Stunden kochen lassen.

Gut zu wissen!

Woher der exotische Name des beliebten Fleischgerichts kommt, ist unbekannt. Der Name könnte aus den früheren benachbarten Spanischen Niederlanden stammen oder durch den spanisch angehauchten Hof von Jérôme Bonaparte, welcher das Königreich Westphalen von 1807–1813 regierte, beeinflusst sein.

TIPP

Je nach Saison schichtet man auch noch gerne Gemüse mit ins Spanisch Frikko. So zum Beispiel Tomaten oder grüne Bohnen! Mancherorts wird das Fleisch auch mit Paprikagewürz und Kümmel abgeschmeckt.

PFEFFERPOTTHAST

für 4 Personen

Zutaten

1 kg Rindfleisch (magerer Kamm)
500 g Zwiebelringe
2 Lorbeerblätter
Salz, Pfeffer, Kümmel
1 l Fleischbrühe
100 g Semmelbrösel oder geriebener Zwieback
abgeriebene Zitronenschale oder etwas Zitronensaft
Kapern und Zucker nach Geschmack
Fett

Zubereitung

Die Zwiebelringe in Fett anschmoren. Fleisch in kleine Stücke schneiden und zugeben. Alles kurz anbraten und mit der Brühe auffüllen. Gewürze zugeben und bei geschlossenem Deckel garen. Nach gut anderthalb bis zwei Stunden die Semmelbrösel zugeben und noch einmal kurz aufkochen lassen. Mit Zitronenabrieb oder -saft, Kapern und Zucker abschmecken.

Gut zu wissen!

Mit demselben Rezept lässt sich auch Potthast vom Schwein bereiten. Je nach Gusto können auch Suppengemüse wie Sellerie, Möhren oder Lauch mit angebraten werden.

TIPP

Dazu passen Pell- oder Salzkartoffeln und Gewürzgurken oder eingelegte Zwiebeln. Mancherorts reicht man auch gerne eingemachte Rote Bete und etwas Preiselbeerkompott dazu.

TÖTTCHEN

für 4 Personen

Zutaten

750 g Kalbfleisch (Schulter oder Brust), nach Gusto auch Zunge
10 Pfefferkörner
1 Bund Suppengrün
1 Zwiebel
2 Nelken
1 Lorbeerblatt

Für die Sauce
1 Zwiebeln
2 EL Butter
2 gestrichene EL Mehl
½ l Fleischbrühe
Essig, Salz, Zucker

Zubereitung

Das Fleisch am Stück mit den grob geschnittenen Zwiebeln, dem klein geschnittenen Suppengrün und den Gewürzen in anderthalb Litern Wasser bis zu anderthalb Stunden garkochen lassen. Das Fleisch aus der Brühe entnehmen, abkühlen lassen, von Fett und Sehnen befreien und in kleine Würfel schneiden. Die Fleischbrühe durch ein Sieb abgießen und die Flüssigkeit auffangen. Für die Sauce das Mehl in der zerlassenen Butter anschwitzen und eine fein gewürfelte Zwiebel zugeben. Mit der Fleischbrühe ablöschen und kurz aufkochen lassen. Mit Salz, Essig und Zucker abschmecken. Traditionell wird das Töttchen in tiefen Tellern serviert.

Gut zu wissen!

Genau wie Potthast war Töttchen früher ein Arme-Leute-Essen, für das man Kalbskopf und Innereien verwendete. Es stammt aus der Münsteraner Gegend und wird auch gerne mit Altbier-Sauce als „Mönsterk Töttchen" zubereitet. Es gibt mannigfache Variationen des Gerichts, welches überall in Westfalen etwas anders schmeckt. Häufig werden auch Senf oder Worcestersauce zum Nachwürzen des Töttchens gereicht.

TIPP

Dazu passt frisches Grau- oder Schwarzbrot.

SCHWEINEBRATEN

für 4 Personen

Zutaten

1 kg Schweinerücken oder
-schulter
2 Zwiebeln
Salz, Pfeffer, Zucker
Butterschmalz
Speisestärke
Saure Sahne

Gut zu wissen!

Schweinebraten ist ein klassisches Sonntagsgericht, dessen Rest abends kalt aufs Brot geschnitten werden können.

TIPP

Dazu passen Pellkartoffeln in Kräuter-Salz-Kruste und Apfel-Rotkohl.

Zubereitung

Fleisch waschen, trocken tupfen. Mit Salz einreiben und in Butterschmalz ringsum anbraten. Zwiebeln schälen, fein würfeln und zugeben. Mit Wasser angießen und den Braten im geschlossenen Gefäß rund 90 Minuten schmoren lassen. Das Fleisch entnehmen und warm stellen. Den Bratensud durchsieben und mit angerührtem Stärkemehl binden. Mit Pfeffer, Salz und Zucker abschmecken und etwas saure Sahne unterziehen. Den Braten in Stücke schneiden und in die Sauce legen.

LAUCHRÖLLCHEN MIT SCHINKEN

für eine Auflaufform

Zutaten

4 Lauchstangen
12 Scheiben gekochter Schinken
600 g Bauernkäse nach Gouda-Art, gerieben
60 g Butter
½ l Milch
1 EL Mehl
Fett für die Auflaufform
Salz, Pfeffer, Muskatnuss, Paprika

Zubereitung

Lauch waschen, grüne Spitzen abschneiden. Lauchstangen in drei gleich große Stücke von etwa 8–10 cm schneiden. In etwas Salzwasser ca. 10 Minuten kochen. Gut abtropfen lassen, ggf. mit einem Küchenkrepp oder Handtuch ausdrücken.
Lauchstangen in Schinken einwickeln und in eine ausgebutterte Auflaufform legen.
Für die Sauce Butter in einem Topf zerlassen. Mehl zugeben und mit Milch ablöschen und aufkochen lassen. Mit den Gewürzen abschmecken und ein Drittel des geriebenen Käses zugeben. Das übrig gebliebene Grün des Lauchs in kleine Streifen schneiden und unter die Sauce rühren.
Auflaufform mit der Sauce füllen und mit dem restlichen Käse bedecken.
Im Ofen bei 160° C Ober-Unterhitze rund 45 Minuten goldgelb überbacken lassen.

TIPP

Dazu passen Pellkartoffeln.

SAUERBRATEN

für 4 Personen

Zutaten

1,2 kg Rindfleisch ohne Knochen aus der Keule, Schulter oder Hüfte

Für die Marinade zum Einlegen
750 ml Rotweinessig
750 ml Wasser
2 Zwiebeln, in Ringe geschnitten
Salz, 6 Nelken, 6 Lorbeerblätter

Für den Braten mit Sauce
2 EL Schmalz
2 Möhren
1 Lauchstange
100 g gebröselter Pumpernickel und etwas Speisestärke
nach Belieben Rosinen und Rübenkraut
Salz, und Pfeffer

Gut zu wissen!

Für den Sauerbraten nahm man früher auch gerne Pferdefleisch. Ebenso bereitete man Schweine- und Geflügelbraten nach ähnlichem Rezept.

Zubereitung

Zwei bis drei Tage im Voraus die Zutaten für die Marinade aufkochen und abkühlen lassen. Das Fleisch waschen und mit dem Sud vollständig bedeckt in einem geschlossenen Behälter durchziehen lassen. Das Fleisch täglich wenden und vor der weiteren Zubereitung aus dem Sud herausnehmen und abtrocknen.
Fett in einem ausreichend großen Bräter erhitzen und das Fleisch von allen Seiten darin anbraten. Etwas von dem Essig-Sud mit den Zwiebeln sowie klein geschnittene Lauchstangen- und Möhrenstücke zugeben und das Bratenstück rund anderthalb Stunden schmoren lassen. Den Braten während der Garzeit mehrfach wenden und nach Bedarf noch etwas Sud zugeben. Das fertig geschmorte Fleisch aus dem Bratensaft herausnehmen und erkalten lassen, in Stücke schneiden. Den Bratenfond durchsieben und die Sauce mit Pumpernickel und etwas Speisestärke binden, mit Rosinen und Rübenkraut sowie Salz und Pfeffer abschmecken. Das Bratenstück in Scheiben schneiden und in der Sauce erhitzen. Mit Rotkohl und Kartoffelklößen reichen.

REHKEULE IN ROTWEINSAUCE

für 4 Personen

Zutaten

1 Rehkeule ohne Knochen
1 l Buttermilch
4 EL Butterschmalz
4 Zwiebeln, gewürfelt
½ l Fleischbrühe, ggf. etwas mehr zum Begießen, oder Wasser
4 Wacholderbeeren, zerstoßen
1 Zweig Thymian
1 Lorbeerblatt
Salz, Pfeffer
125 g Sauerrahm
1 TL Stärkemehl
400 ml Rotwein
1 Schuss Holunderlikör
Honig
Küchengarn

Gut zu wissen!

Wildfleisch wird feiner, wenn man es in Buttermilch einlegt. Auch mit dem zarten, kurzfaserigen Fleisch von der Heidschnucke, die zur Landschaftspflege in der Senner Heidelandschaft eingesetzt wird, lässt sich dieser Braten bereiten. Ihr Geschmack ist aufgrund der extensiven Haltung Wildbret ähnlich. Heidschnuckenfleisch und -wurst kann bei der Heidschnucken-Schäferei mit Sitz in Hövelhof erworben werden.

Zubereitung

Das Fleisch, wenn nötig, enthäuten und über Nacht in Buttermilch einlegen. Am nächsten Tag das Fleisch trocken tupfen und mit Küchengarn zusammenbinden. Butterschmalz in einem Bräter erhitzen. Zwiebelwürfel zugeben und glasig dünsten. Die Rehkeule zugeben und von allen Seiten anbraten. Mit der Brühe angießen, die Gewürze zugeben und im geschlossenen Bräter im vorgeheizten Backofen bei 180° C Ober-Unterhitze bis zu zweieinhalb Stunden schmoren lassen. Während der Garzeit mehrfach mit weiterer Brühe oder Wasser begießen. Rehkeule, Thymianzweig und Lorbeerblatt entnehmen. Das Fleisch warm stellen. Den Bratensud etwas entfetten und durch ein Sieb streichen. Das Stärkemehl in Wein anrühren und den Garsud damit kurz aufkochen lassen. Die Sauce mit Sauerrahm, Salz, Pfeffer, etwas Honig und einem Schuss Holunderlikör abschmecken. Die Rehkeule in Scheiben schneiden und diese mit der Sauce anrichten.

RINDERROULADEN

für 4 Personen

Zutaten

4 Rouladen aus der Oberschale

Für die Füllung
1 Zwiebel, klein gehackt
4 kleine saure Gurken
200 g Hackfleisch halb und halb
Salz, Pfeffer, Muskat
oder
1 EL Senf
1 Zwiebel
50 g durchwachsener Räucherspeck, gewürfelt
2–4 Scheiben Westfälischer Knochenschinken
4 kleine saure Gurken, gewürfelt
Mehl
Fett
Fleischnadeln oder Küchengarn zum Fixieren der Rouladen
Rotwein zum Angießen

Zum Verfeinern der Sauce
Stärkemehl, Rotwein und Sahne
Salz, Pfeffer und Zucker

Zubereitung

Das Fleisch trocken tupfen und mit Salz und Pfeffer würzen.
Für die Hackfleischfüllung das Hack mit den Zwiebeln mischen und würzen. Das Hackfleisch in vier Portionen aufteilen und auf die Rouladen aufstreichen. Je eine Gurke pro Roulade auflegen. Die Rouladen am breiten Ende beginnend aufrollen. Mit Fleischspießen oder Küchengarn fixieren.
Für die Speckfüllung die Fleischscheiben mit dem Senf bestreichen und die Schinkenscheiben oder Speckwürfel auflegen. Mit Zwiebeln- und Gurkenwürfeln belegen und aufrollen. Mit Fleischspießen oder Küchengarn fixieren.
Die Rouladen in Mehl wenden und in einer hohen Pfanne oder einem Bräter in heißem Fett ringsum anbraten. Dann mit etwas Wasser und Rotwein angießen, sodass die Rouladen zu einem guten Drittel mit Flüssigkeit bedeckt sind. Das Fleisch im geschlossenen Gefäß etwa 75 bis 90 Minuten schmoren lassen. Die Rouladen entnehmen und warm stellen. In der Zwischenzeit die Sauce mit etwas angerührter Stärke binden und mit Salz, Pfeffer und Zucker abschmecken. Nach Geschmack noch etwas Rotwein oder Sahne zugeben und kurz aufkochen lassen. Die Nadeln aus den Rouladen nehmen und mit der Sauce servieren. Dazu passen Salzkartoffeln und Apfel-Rotkohl oder Spitzkohl.

GESCHMORTE WILDENTE

für 2 Personen

Zutaten

2 Wildenten (jeweils ca. 1 kg, küchenfertig)
1 Zwiebel
200 g fetter Speck, in dünnen Scheiben
6–8 Wacholderbeeren
2 Salbeiblätter
125 g Butterschmalz
Salz, Pfeffer
Stärkemehl
Sahne
Küchengarn

Gut zu wissen!

Die Wildente ist mit der Gans verwandt, hat aber generell einen geringeren Fettanteil. Auch mit Mastenten aus Freilandhaltung wie der Peking-Ente oder der Barbarie-Ente lässt sich dieses Gericht bereiten.

TIPP

Dazu passen Kartoffelpüree und Sauerkraut oder – wenn's festlich sein soll – geschmorte Birnen und Preiselbeeren.

Zubereitung

Enten waschen, abtrocknen, ggf. Talgdrüse am Schwanz herausschneiden. Mit einer Mischung aus ausgelassenem Butterschmalz, Salz, zerstoßenen Wacholderbeeren und klein gehacktem Salbei die Enten von innen und außen einpinseln. Um Keulen und Brust dünne Speckstreifen legen und mit Küchengarn festbinden.
Die Enten mit der Brust nach unten in einen ausreichend großen Bräter geben und in etwas Fett anschmoren, fein gehackte Zwiebel dazugeben. Fleisch mit gesalzenem Wasser oder Brühe angießen, sodass es mehrere Zentimeter hoch mit Flüssigkeit bedeckt ist. Die Enten dann im vorgeheizten Ofen bei 225° C (Unter-Oberhitze) auf der mittleren Schiene bis zu anderthalb Stunden lang bei geschlossenem Deckel schmoren. Die Speckstreifen mit dem Küchengarn entfernen. Den Bratensud etwas entfetten, ein paar Speckstreifen dazugeben und mit Sahne und angerührter Speisestärke aufkochen lassen. Die Sauce zu guter Letzt pürieren und mit Salz und Pfeffer abschmecken. Die Enten tranchieren und mit der Sauce anrichten.

SCHINKENBEGRÄBNIS

für eine Auflaufform

Zutaten

600 g Schinken- und Bauchspeckreste samt Schwarten
600 g Zwiebeln
1 kg Pellkartoffeln vom Vortag
200 ml Schinkenbrühe
etwas Sahne
5 Eier
Salz, Pfeffer
Butter

Zubereitung

Fleischreste in etwas Wasser gar kochen und abschütten. Die Schinkenbrühe auffangen und abmessen. Zwiebeln schälen und in Würfel schneiden. Kartoffeln ebenfalls klein schneiden. Die Schinkenbrühe mit etwas Sahne und den Eiern verquirlen und mit Salz und Pfeffer abschmecken. Zwiebeln und Schinken mischen und abwechselnd mit den Kartoffeln in eine Auflaufform schichten und die Eier-Masse darübergeben. Butter als Flöckchen auf dem Auflauf verteilen. Bei 200° C rund 90 Minuten backen lassen.

Gut zu wissen!

Die Idee für das Gericht entstand in früheren Zeiten, um kostbare Schinkenreste sinnvoll zu verwerten. Heute nimmt man auch gerne gekochten Schinken oder feine Schinkenspeckwürfel für ein „Schinkenbegräbnis erster Klasse". Statt Schinkenbrühe kommt Gemüse- oder Fleischbrühe zum Einsatz. Im Sommer gibt man auch gerne frische Tomatenstücke mit in den Auflauf und bereitet das Gericht ohne Sahne und Eier.

TIPP

Dazu schmeckt ein grüner Salat.

GEBRATENE BLUTWURST
MIT „HIMMEL UND ERDE“

für 4 Personen

Zutaten

1 kg Kartoffeln (symbolisch für die „Erde“)
1 kg säuerliche Äpfel (symbolisch für den „Himmel“)
1 Stück Butter
2 Zwiebeln
nach Belieben einen Apfel in Scheiben
1 Ring Blutwurst
Butter zum Braten
Salz, Pfeffer, Zucker

Gut zu wissen!

Über Blutwurst hinaus bereitete man früher auch gerne „Panhas“, der aus Schlachtresten und Buchweizenmehl hergestellt wird. Neben fettem Speck oder Schwarten gab man auch einfache Blut- und Leberwürste – die beim Brühen aufgeplatzt waren – mit in die Wurstmasse. Auch das Wurstebrot, das im Papierdarm hergestellt wird, und das „Möp(p)kenbrot“ (Möp(p)ken = Speckstückchen), das mit etwas weniger Blut und ebenfalls mit Roggenmehl oder -schrot zubereitet wird, sind als Reste-Wurst bekannt und passen zu „Himmel und Erde“ oder zu Sauerkraut untereinander.

Zubereitung

Kartoffeln schälen und in Salzwasser (1 Liter Wasser mit 1 TL Salz) gar kochen. Äpfel schälen, entkernen und in Viertel schneiden. In etwas Wasser gar dünsten. Mit Zucker abschmecken.
Die Kartoffeln abgießen und mit dem Kartoffelstampfer zerkleinern. Ein Stück Butter nach und nach unterarbeiten. Mit Salz, Pfeffer und Muskat abschmecken. Das Apfelkompott unter das Kartoffelpüree heben und warm stellen.
In der Zwischenzeit Zwiebelringe und nach Belieben auch Apfelscheiben in etwas Butter goldbraun braten. Wer die Zwiebelringe sehr knusprig mag, kann sie vor dem Braten in etwas Mehl wenden.
Die Zwiebelringe und Apfelscheiben ebenso warm stellen. Die Blutwurst in dicke Scheiben schneiden, in etwas Mehl wenden und in Butterschmalz ausbacken. Zusammen mit „Himmel und Erde“ servieren.

FORELLENFILETS
MIT PUMPERNICKELKRUSTE

für 2 Personen

Zutaten

400 g frische oder geräucherte Forellenfilets
50 g Butter
1 Scheibe Pumpernickel
2 geriebene Zwiebäcke
1 Eigelb
100 g Butter
Salz, Pfeffer
Frische Gartenkräuter

Zubereitung

Die frischen Forellenfilets waschen, trocken tupfen und salzen. Eine feuerfeste Form einfetten und die Filets hineingeben. Butter in einem Topf erwärmen und zerbröseltes Pumpernickel und Zwiebäcke sowie Eigelb zugeben. Mit Salz und Pfeffer abschmecken und über den Forellenfilets verteilen. Diese im vorgeheizten Backofen bei 200° C Unter-/Oberhitze eine gute halbe Stunde überbacken. Mit gehackten Kräutern bestreuen und servieren.

Gut zu wissen!

Bachforellen aus der Senne zählen zu den ausgesuchten Spezialitäten der Region. In der Senne befindet sich nicht nur die bedeutendste zusammenhängende Heidelandschaft Nordrhein-Westfalens, sondern auch naturnahe Flüsse und Bäche.

TIPP

Dazu passen Salzkartoffeln und gekochte, in Butter geschwenkte Möhrenstifte.

HERINGSTOPF MIT PELLKARTOFFELN

für 4 Personen

Zutaten

8 Matjes- oder Heringsfilets (küchenfertig)
2 säuerliche Äpfel
2 Zwiebeln
250 ml Speisequark
250 ml süße oder saure Sahne
Salz, Zucker und Weinessig oder Zitronensaft zum Abschmecken
1,5 kg Kartoffeln

Gut zu wissen!

Matjes nennt man den jungen Hering, der vor Erreichen der Geschlechtsreife nach traditionellem Verfahren durch Enzyme in einer Salzlake gereift ist. Er ist besonders mild und hat einen höheren Fettgehalt als der ältere Hering. Eingesalzene Heringe waren früher eine beliebte Freitagsspeise, da sie haltbar und preiswert waren. Außerdem durften sie auch an Fastentagen gegessen werden. Wenn man keine Salzheringe im Hause hatte, dann war die Sauce aus saurer Sahne, Essig, Zwiebeln, Salz und Pfeffer – auch ohne Fisch eine schmackhafte Beilage zur Pellkartoffel.

TIPP

Die Heringsstücke mit „Stippe“ am besten schon am Abend vorher ansetzen, damit alles schön durchgezogen ist.

Zubereitung

Die Matjesfilets in mundgerechte Happen schneiden. Äpfel und Zwiebeln schälen und ebenso in kleine Stückchen schneiden. Aus Quark, Sahne, Salz, Zucker und Weinessig eine Marinade bereiten. Die Herings-, Apfel- und Zwiebelstückchen zugeben und alles gut durchziehen lassen. Mit Pellkartoffeln servieren.
Für die Pellkartoffeln die gewaschenen Kartoffeln mit ausreichend Wasser aufsetzen und rund 40 Minuten garen. Das Wasser abschütten und die Kartoffeln pellen.

Wie die Kartoffel die ostwestfälisch-lippische Küche eroberte

Neben Eiern und hausgemachtem Schinken spielen auch Kartoffeln eine Hauptrolle in der Regionalküche zwischen Rhein und Weser. Kohl- und Rübengemüse, Bohnen und vor allem Kartoffeln waren das Haupterzeugnis der Selbstversorger.
Über den Kartoffelpfannkuchen „Pickert" hinaus, schätzt man auch zu Plätzchen, Bällchen, Krabbeln, Klößen oder „Platen in de Pann" verarbeitete Kartoffeln. Durch Stampfen, Überbacken oder Krusteln veredelte man die tolle Knolle. Auch als Bestandteil von Suppen und Eintöpfen ist der Erdapfel unentbehrlich geworden. Doch wie kam das Andengewächs eigentlich nach Ostwestfalen-Lippe?

Adelsgeschenk und Delikatesse

Anfang des 17. Jahrhunderts gelangte die Kartoffel zunächst als Adelsgeschenk nach Westfalen. Neben Lachs, Austern, Apfelsinen, Zitronen und Muscheln sei sie noch 100 Jahre später als Delikatesse in Adelskreisen gehandelt worden – schreibt der aus Harsewinkel stammende Historiker Gisbert Strotdrees in seinem Aufsatz „Die Kartoffel, der König und das Klima – Wie das ‚Manna der kleinen Leute' nach Westfalen kam" (in Sammelsurium 14, 2003). Obwohl es über die Anfänge des Kartoffelanbaus in Westfalen nur wenige Aufzeichnungen gebe, belege ein Brief eines Paderborner Domherrn aus dem Kriegsjahr 1761 (Siebenjähriger Krieg) – dass in Warburg fremde Soldaten in den Gärten der Stadt „die Cartoffelen und große Bohnen aus der Erde graben und sonstige Genußkräuter mit der Wurtzel zu sich nehmen". Deutlich früher, um 1705, soll die Kartoffel bereits im Lippischen angebaut worden sein.

Wundersame Knollen und Holland-Eier

Einer lokalen Überlieferung zufolge habe ein Ziegler „wundersame Knollen" aus Holland mit in sein Heimatdorf Tintrup, unweit von Blomberg, gebracht. Die Familie des Zieglers habe diese eingepflanzt und auch bäuerliche Verwandte in den Nachbardörfern Herrentrup und Reelkirchen mit der Feldfrucht versorgt. Anders als in anderen Gegenden Deutschlands, habe es in Westfalen eine „Einführung der Kartoffel von unten" gegeben. Denn bereits vor dem Amtsantritt Friedrich II. von Preußen („der Alte Fritz"), der ab 1746 mehrere Edikte zum Anbau der Kartoffel erließ, sei die Kartoffel in Ostwestfalen-Lippe „durch die kleinen Leute" heimisch geworden. Sie hätten die Pflanze während ihrer Wanderarbeit in Holland kennengelernt. Gisbert Strotdrees nennt einen weiteren interessanten Aspekt: Im lippischen Platt würden die Knollen nicht nur „Ernäppels" (Erdäpfel), sondern auch „Holland-eujer" (Holland-Eier) genannt.

PLAATEN IN DE PANN

für 4 Personen

Zutaten

750 g grobe Schweinebratwurst-Schnecken
750 g Kartoffeln, roh oder gekocht
1 EL Schmalz
150 ml Sahne
Salz, Pfeffer

Zubereitung

Die Bratwurst mehrfach einstechen, in der Pfanne goldbraun anbraten und warm stellen. Kartoffeln in Scheiben schneiden und würzen. Im Bratwurstfett die Kartoffeln anbraten. Mit Sahne übergießen und die Bratwurst obenauf geben. Mit geschlossenem Deckel im Backofen etwa eine Stunde bei 180° C Ober-Unterhitze garen. Bei Verwendung von vorgekochten Kartoffeln verkürzt sich die Garzeit.

Gut zu wissen!

Lange, zu Schnecken gerollte Bratwürste nennt man auch „Westfälischer Rosenkranz".

TIPP

Probieren Sie auch mal „Dömpers" (Scheibenkartoffeln). Dazu Kartoffeln und Zwiebeln schälen und in Scheiben bzw. Ringe schneiden. Kartoffeln und Zwiebeln abwechselnd in eine Pfanne mit ausgelassenen Butterschmalz einschichten, mit Salz würzen. In der geschlossenen Pfanne langsam garen lassen. Bei Bedarf etwas Wasser zugeben. Dazu schmecken rote Beete und gebratenes Wurstebrot.
Nach Geschmack kann das Gericht auch mit Speckstückchen oder Mettwurstscheiben zubereitet werden. Mancherorts bezeichnet man es in dieser Variante auch als „Schwenkkartoffeln".

KARTOFFELKRUSTELN

für 2–4 Personen

Zutaten

250 g Kartoffeln, vorgekocht
1 EL Butter
1 Eigelb
2 EL Hartkäse, gerieben
1 Prise Salz
Mehl
1 Ei
Geriebener Zwieback
Fett zum Ausbacken

Zubereitung

Die gekochten Kartoffeln durch eine Kartoffelpresse geben. Die Masse mit Butter, Eigelb, Käse und Salz vermischen und zu runden Bällchen formen. In Mehl, Ei und Zwiebackbröseln wenden und in heißem Fett goldgelb ausbacken.

TIPP

Nach Geschmack kann man auch Schinkenwürfel mit in den Teig geben. Im Sommer schmeckt das Gericht mit geschmorten Tomaten und frischem Basilikum.

KARTOFFELKRABBELN

für 2 Personen

Zutaten

100 g Kartoffeln, gekocht und gerieben
100 g Mehl
1 Eigelb
1 Eiweiß
2 EL feiner Zucker
Etwas Abrieb von einer Zitrone
1 TL Backpulver
Fett zum Ausbacken

Zubereitung

Die angegebenen Zutaten zu einem Teig kneten. Mit einem Löffel kleine Klöße abstechen und in heißem Fett goldbraun backen.

TIPP

Dazu schmeckt Fruchtkompott.

KARTOFFELPLÄTZCHEN

für 10–12 Plätzchen

Zutaten

500 g Kartoffelpüree oder Stampfkartoffeln vom Vortag
1 Ei
angebratene Schinkenwürfel
Paniermehl
Fett zum Ausbacken

Zubereitung

Das Ei unter die Kartoffelmasse ziehen. Angebratenen Speck ebenfalls unterarbeiten. Den Teig portionsweise zu kleinen flachen Plätzchen formen und in Paniermehl wenden. Die Plätzchen in ausreichend Fett goldbraun backen.

TIPP

Wer mag, kann auch noch etwas Grießmehl oder geriebenen Käse in die Masse geben. Die Plätzchen bekommen dann noch mehr Halt und Aroma.

KARTOFFELBÄLLCHEN

für 4 Personen

Zutaten

1 kg Kartoffeln, gekocht
1 Ei
4 EL Mehl
Salz, Muskat
2 EL Butter
Zwiebackbrösel
Fett zum Ausbacken

Zubereitung

Kartoffeln durch eine Passiermühle geben und aus der Masse zusammen mit Ei, Mehl, Salz und Muskat einen Teig herstellen. Den Teig zu Bällchen formen, in den Bröseln wälzen und in heißem Fett goldbraun backen.

KARTOFFELKLÖSSE

für 16 Klöße

Zutaten

1 kg gekochte Pellkartoffeln
1–2 Eier
Salz, Muskat
50 g Weizenmehl
50 g Kartoffelmehl

Zubereitung

Die Pellkartoffeln noch warm pellen und durch eine Passiermühle geben oder Kartoffeln vom Vortag nehmen und fein reiben. Mit Ei, Salz, Muskat und Mehl vermengen und mit angefeuchteten Händen zu runden Klößen formen. 2 Liter Salzwasser in einem Topf aufkochen lassen und auf mittlere Hitze herunterschalten. Die Klöße in das Wasser geben und rund 15 Minuten gar ziehen lassen.

BRATKARTOFFELN

für 2–3 Personen

Zutaten

500 g Kartoffeln
nach Geschmack Zwiebeln und geräucherte Speckwürfel
Butterschmalz
Salz, Pfeffer

Zubereitung

Die Kartoffeln waschen oder schälen. Gut abtrocknen und in feine Scheiben oder Würfel schneiden. In einer großen Pfanne das Fett erhitzen und die Kartoffelscheiben gleichmäßig in der Pfanne verteilen, sodass möglichst viele Kartoffeln den Pfannenboden vollständig berühren. Wenn die Kartoffeln gar sind und anfangen zu bräunen, Zwiebelringe und Speckwürfel zugeben. Die Kartoffelscheiben goldbraun braten, dabei gelegentlich wenden.

Gut zu wissen!

Die westfälische Küche ist ohne Kartoffeln undenkbar. Besonders Bratkartoffeln wurden früher gerne abends als Brotersatz gegessen.

KARTOFFELPUDDING
HERZHAFT

für eine Pudding- oder Backform

Zutaten

350 g Kartoffeln, gerieben vom Vortag
50 g gewürfelter Roh- oder Kochschinken
2 Zwiebeln oder Lauchzwiebeln
300 g Quark
2 Eier
80 g Mehl
1 gestrichener TL Backpulver
50 g Butter
Fett für die Form
Paniermehl
Salz, Pfeffer, Muskat

Zubereitung

Aus den Zutaten einen Teig rühren und in eine gefettete und ausgestreute Puddingform mit Deckel fürs Wasserbad oder in eine Backform (Fassungsvermögen mindestens 1 Liter) geben. Den Pudding gut zwei Stunden im Wasserbad oder im Backofen bei 160° C (Ober-Unterhitze) backen. Vor dem Stürzen in der Nachwärme noch eine halbe Stunde ziehen lassen und mit Salat servieren.

Gut zu wissen!

Auch süße Varianten des Kartoffelpuddings sind bekannt. Sie erinnern an die Tradition des Brotpuddings.

WESTFÄLISCHER ROSENKOHLAUFLAUF

für eine Auflaufform

Zutaten

1 kg Rosenkohl
2–3 geräucherte Mettwürstchen
2 EL Butter
125 ml Milch
1 gehäufter EL Mehl
100 g Bauernkäse nach Gouda-Art, gerieben
Salz, Pfeffer, Muskatnuss

TIPP

Dazu schmeckt ein kräftiges Roggenmischbrot.

Zubereitung

Geputzten und kreuzweise eingeschnittenen Rosenkohl in ca. 1 Liter Salzwasser garen, sodass er noch bissfest ist. Die Mettwürstchen in Scheiben schneiden.
Den Rosenkohl abgießen und etwa 250 ml vom Kochwasser auffangen. Die Butter erhitzen und mit Mehl, Brühe und Milch zu einer Bechamel-Sauce rühren. Die Sauce von der Kochplatte nehmen und mit den Gewürzen abschmecken. Käse einrühren. Rosenkohl und Mettwurst in eine Auflaufform füllen und die Sauce darübergießen. Den Auflauf etwa 20 Minuten im vorgeheizten Ofen bei 180° C (Unter-Ober-Hitze) überbacken lassen.

SPARGEL MIT SCHINKEN

für 2–4 Personen

Zutaten

2 Pfund Spargel
4 Eier, hart gekocht
100 g Schinkenwürfel
125 g Butter
Pfeffer, Salz
Zitronensaft
Knochen- oder
Nuss-Schinken
in Scheiben

Zubereitung

Den Spargel schälen und in Salzwasser garen, sodass er noch Biss hat. Die hartgekochten Eier pellen und in feine Würfel schneiden. Butter in einem Topf schmelzen. Pfeffer und Salz sowie einen Spritzer Zitronensaft zugeben. Den gekochten Spargel zusammen mit den kleingeschnittenen Eiern, den Schinkenwürfeln und -scheiben auf Tellern anrichten und die flüssige Butter darüber geben.

TIPP

Dazu schmecken frisches Brot oder Salzkartoffeln.

JOHANNISLAUCH

für 4 Personen

Zutaten

1 kg Johannislauch (junger Lauch oder Frühlingszwiebeln)
500 ml Fleischbrühe
2 EL Butter
100 g Rosinen
Salz, Zucker
Essig
Paniermehl

TIPP

Dazu passen Salzkartoffeln und gekochtes Rindfleisch.

Zubereitung

Den Lauch putzen, einmal längs durchschneiden und waschen. Die Stangen in kochendem Salzwasser rund eine Minute blanchieren und anschließend abtropfen lassen. Die Fleischbrühe aufkochen lassen und den blanchierten Lauch, die Butter und die Rosinen zugeben. Mit Salz, Zucker und Essig würzen und noch einmal rund 10 Minuten garen lassen. Zu guter Letzt den Johannislauch mit dem Paniermehl binden.

WESTFÄLISCHER WEISSKOHL

für 4 Personen

Zutaten

1 kg Weißkohl
1 Apfel
2 EL Schmalz
2 gewürfelte Zwiebeln
2 TL Kümmel
1 EL Essig
Salz, Pfeffer, Zucker
1 rohe, geriebene Kartoffel

Zubereitung

Das Schmalz mit den Zwiebeln anschwitzen. Fein geschnittenen Kohl und in Stücke geschnittenen Apfel mit Kümmel und einem Schuss Essig darübergeben. Eine große Tasse Wasser angießen und das Gemüse bei geschlossenem Deckel langsam garen. Nach einer guten halben Stunde das Gemüse mit der geriebenen Kartoffel binden und mit Pfeffer, Salz und Zucker abschmecken.

Durchgemüse das ganze Jahr

In früheren Zeiten waren Eintöpfe das ganze Jahr hindurch hoch geschätzt. Wenn die Arbeit auf dem Feld wartete, konnte man sich nicht mit aufwendigen Speisen aufhalten. Und vorgefertigte Gerichte, so wie heute, gab es ja noch nicht. Eine besondere Art des Eintopfes stellt in der Region Ostwestfalen-Lippe das Durchgemüse dar, ein zumeist etwas steiferer Eintopf aus Gemüse und Kartoffeln, der in einigen Gegenden auch als „Untereinander" bezeichnet wird.

Im Winter Saure Bohnen

Als Basis für das Durchgemüse dienen Wurzelgemüse und ein Stück Fleisch, Fleischabschnitte, Knochen oder Speck, die zu einer kräftigen Brühe gekocht werden. Sobald das Fleisch gar ist, entnimmt man es und köchelt die Kartoffeln und das Gemüse langsam in der Brühe weich. Oftmals wurde das Durchgemüse schon am Vortag oder früh morgens gekocht und mittags noch einmal aufgewärmt. Denn durchgezogen schmeckt es nochmal so gut! Im Winter erfreuten sich Eintöpfe mit eingemachten Gemüsen großer Beliebtheit. Neben fein gehobeltem Sauerkraut („Kappes") ließ man geschnittene grüne Gartenbohnen („Fitzebohnen") und Möhren („Wuorteln") in großen Steintöpfen durch Milchsäure vergären.

Wie legte man eigentlich Gemüse ein?

Die ausgewachsenen grünen Bohnen wurden geputzt, abgefädelt und in sehr feine schräge Stücke geschnitten. Nach dem Blanchieren schichtete man die erkalteten Bohnen mit Salz abwechselnd in einen Steintopf und stampfte sie ein, bis sie mit eigenem Saft bedeckt sind. Schon nach einigen Wochen Gärzeit konnte man mit den eingesalzenen Gemüsen deftige Suppen, Eintöpfe und Kartoffelstampf-Gerichte bereiten. Heute erhält man die „Schnibbelbohnen" fertig vergoren als Handelsware in Plastikbeuteln unter den Bezeichnungen Saure Bohnen, Salzbohnen, Salz-Schneidebohnen oder Rheinische Schneidebohnen.

Im Sommer „graute Baunen"

Im Frühsommer, wenn die ersten dicken Bohnen (graute Baunen) und Kartoffeln reif waren, hatte man auch wieder frischen Schinken und Speck, der zum Lufttrocknen in der Fleischkammer abhing, zum Verfeinern des Durchgemüses. Ländliche Eintopf-Kreationen erfreuen sich heutzutage auch in gehobenen Küchen großer Beliebtheit und gelten als Delikatessen der regionalen Kochkunst.

HEGGENGEMÖS

für 4 Personen

Zutaten

1 kg Wildkräuter und Gartengemüse (z. B. junge Triebe von Brennnesseln, Löwenzahn, Holunder, Spinat, Lauch, letzte Triebe vom überwinterten Grünkohl)
5 Zwiebeln
500 g Kartoffeln
Salz, Pfeffer
150 ml Sahne
Mettenden nach Belieben

Zubereitung

Kartoffeln und Zwiebeln schälen und würfeln. Wildkräuter waschen und hacken. Zusammen mit 2 Litern leicht gesalzenen Wasser aufsetzen und alles weich kochen lassen. Nach Belieben die Suppe so belassen oder pürieren. Die Mettenden einige Zeit in der Suppe ziehen lassen. Vor dem Servieren mit etwas Lauchspitzen dekorieren und servieren.

Gut zu wissen!

„Heggengemös“ war die erste Suppe, die man im Frühjahr aus frischen Zutaten kochen konnte. Etwas später im Jahr wurde sie durch eine Frühlings- oder Quer-durch-den-Garten-Suppe abgelöst.

ERBSENSUPPE

für 4 Personen

Zutaten

1 kg frische grüne Erbsen
2 Lauchstangen
nach Belieben auch 750 g verschiedene Wurzelgemüse und Kartoffeln
2 Liter Wasser oder Brühe
etwas Butter
Salz, Pfeffer
frische gehackte Kräuter

Gut zu wissen!

Insbesondere in der Warburger Börde genießt man die Erbsensuppe in den Sommermonaten mit Schwemmklößchen. Für die Klößchen eine Tasse Milch mit einer Prise Salz und 1 EL Butter aufkochen. 1 Tasse Mehl zugeben und die Masse unter Rühren am Topfboden abbrennen lassen. Nach und nach zwei bis drei Eier einrühren und mit einem Löffel kleine Klößchen abstechen. Diese in der heißen Suppe gut zehn Minuten ziehen lassen.

TIPP

Wer's deftig mag, kann die Zwiebeln mit etwas Speck andünsten und dann Brühe und Gemüse zugeben. Auch Mettwürstchen passen zur Erbsensuppe.

Zubereitung

Erbsen entspalten. Gemüse putzen, schälen und klein schneiden. Alles in einen Topf geben und mit gesalzenem Wasser oder Brühe auffüllen und solange kochen lassen, bis das Gemüse gar ist. Mit Salz und Pfeffer und einem Stich Butter abschmecken. Mit frischen gehackten Kräutern bestreuen und servieren.

BLINDHUHN
(„GÄNSEFUTTER")

für 4 Personen

Zutaten

300 g getrocknete weiße Bohnen
250 g durchwachsener Schweinebauch
200 g grüne Bohnen
250 g Möhren
400 g Kartoffeln
nach Verfügbarkeit auch 2 Äpfel und 2 Kochbirnen
1 EL Butter
2 Zwiebeln
Salz, Pfeffer
nach Belieben etwas Essig
gehackte Petersilie

Zubereitung

Die weißen Bohnen über Nacht in einem Liter kaltem Wasser einweichen. Die Gemüse waschen, schälen und klein schneiden. Zwiebelwürfel mit einem Teil des klein geschnittenen Schweinebauchs in der Butter anrösten. Anschließend mit dem Wasser ablöschen und den restlichen Schweinebauch und die Gemüsewürfel sukzessive zugeben. Alles kochen lassen, bis die Gemüse gar sind. Mit Salz, Pfeffer und etwas Essig abschmecken – falls die Äpfel nicht säuerlich genug sind.

Gut zu wissen!

Blindhuhn, auch „Gänsefutter" genannt, ist eine westfälische Spezialität, die je nach Saison und Verfügbarkeit der Zutaten etwas variieren kann. Er erinnert an den norddeutschen Eintopf „Birnen, Bohnen und Speck". Man sagt, auch ein blindes Huhn, finde in diesem Eintopf etwas Leckeres.

TIPP

Wer nicht so gerne Schweinebauch mag, kann auch kleine Schinkenwürfel mit in den Eintopf geben oder ein Brot mit Knochenschinken dazu essen.

STIELMUSEINTOPF

für 4 Personen

Zutaten

1 kg Stielmus
1 kg mehlig kochende Kartoffeln
1 große Zwiebel
nach Geschmack auch etwas Schinkenspeck
1 EL Butterschmalz
1 Liter Salzwasser oder Gemüsebrühe
Schmand zum Abschmecken
Salz, Pfeffer

Zubereitung

Kartoffeln schälen und würfeln. Das Stielmus waschen und die harten Stielmus-Stängel etwas abschneiden. Das Gemüse in feine Streifen schneiden. Zwiebeln schälen und würfeln. Zwiebelwürfel mit Schinkenspeck im Butterschmalz glasig dünsten und mit dem Wasser aufgießen. Kartoffeln zugeben und alles kochen lassen. Nach einer guten Viertelstunde das Stielmus zugeben und eine weitere Viertelstunde garen. Mit dem Stampfer das Gemüse durcharbeiten und den Schmand unterziehen. Mit Salz und Pfeffer abschmecken.

Gut zu wissen!

Als Knisterfinken, Stiel- oder Stängelmus bezeichnet man die jungen Blätter von Speiserüben (Mai-, Herbst- oder Weißen Rüben). Sie schmecken feinsäuerlich, ähnlich wie Sauerampfer. Rübstiel ist ein klassisches Frühjahrsgemüse, das gerne als „Durcheinander" bereitet wird.

TIPP

Dazu passen geräucherter Bauchspeck, Kasseler oder Mettwürstchen. Das Fleisch kann man mit dem Stielmus zugeben und ziehen lassen. Auch Bratwürstchen oder Eierkuchen schmecken lecker zum Stielmus.

WIRSINGEINTOPF

für 4 Personen

Zutaten

500 g Rind- oder Hammelfleisch, alternativ Mettenden oder Kohlwurst
1 kg Wirsing
1 kg Kartoffeln
1 Zwiebel
2 EL Schmalz
½ l Wasser
Salz, Pfeffer

Zubereitung

Das Fleisch in Stücke schneiden, mit den klein geschnittenen Zwiebeln im Schmalz anbraten und mit leicht gesalzenem Wasser ablöschen. Nach ca. einer halben Stunde das in Streifen geschnittene Gemüse und Kartoffelwürfel zugeben. Nach einer weiteren halben Stunde den Eintopf mit Salz und Pfeffer abschmecken. Nach Geschmack den Eintopf durchstampfen, damit er sämig wird.
Wer Mettwürste bevorzugt, gibt diese kurz vor Ende der Garzeit hinzu.

Gut zu wissen!

Gemüsesuppen kochte man früher gerne mit sättigenden Einlagen wie Kartoffeln, Graupen, Erbsen oder Bohnen. Zusammen mit Mettenden, Rippchen oder Rindfleisch hatte man gleich eine vollständige Mahlzeit.

TIPP

Der Eintopf schmeckt auch mit angebratenem Hackfleisch und etwas Kümmel. Man kann ihn ebenso mit Weißkohl bereiten.

WUORTELPOTT

für 4 Personen

Zutaten

400 g hohe Rippe oder Mettwürstchen
1 l Wasser
750 g Möhren
750 g Kartoffeln
2 Zwiebeln
2 Lauchstangen
Salz, Pfeffer, Essig

Zubereitung

Fleisch in leicht gesalzenem Wasser zum Kochen bringen. Nach einer guten halben Stunde gewürfelte Stücke von Möhren, Kartoffeln, Zwiebeln und Lauch hinzufügen. Abermals eine halbe Stunde langsam kochen lassen. Das Fleisch entnehmen und klein schneiden. Wer Mettwürste bevorzugt, gibt diese kurz vor Garzeitende hinzu und lässt sie mitziehen. Das Gericht mit Salz, Pfeffer und Essig abschmecken und mit gehackter Petersilie bestreut servieren.

Gut zu wissen!

Mit „Wuort(t)eln“ sind Wurzelgemüse gemeint. Besonders Möhren kam eine besondere Bedeutung zu, denn man konnte sie milchsauer für den Winter einlegen.

TIPP

Eintopfgerichte wie diese lassen sich gut in größeren Mengen zubereiten und portionsweise einfrieren.

PUMPERNICKELSUPPE

für 2 Personen

Zutaten

2–3 Scheiben Pumpernickel
2–3 EL Zwieback- oder trockene Weißbrotbrösel
1 Zwiebel
500 ml Wasser
frische Kräuter
Sahne
Salz, Pfeffer, Zimtstange

Zubereitung

Pumpernickel zerbröseln. Zwiebel fein hacken und in etwas Butter anschwitzen. Mit dem Wasser auffüllen und den zerbröselten Pumpernickel zugeben. Salz, Pfeffer, Zimtstange und Zwiebackbrösel in die Suppe geben. Die Suppe noch etwas ziehen lassen. Mit einem Schuss Sahne und mit gehackten Kräutern verfeinern.

Gut zu wissen!

Auch süße Brotsuppen sind in Ostwestfalen-Lippe bekannt. Man bringt ein klein geschnittenes Brötchen und 2–3 Schnitten Schwarzbrot oder Pumpernickel mit etwas Wasser zum Kochen, gibt Zucker und Salz dazu und würzt die Suppe mit Vanillezucker und Zimt. Die Masse wird mit Buttermilch aufgefüllt. Als Suppeneinlage kommen Backpflaumen oder Rosinen dazu. Pumpernickel gibt vielen Brotsuppen eine süßliche Note. Nicht nur durch die lange Backzeit von bis zu einem Tag, sondern auch durch die Beigabe von Rübenkraut im Teig bekommt das Bauernschwarzbrot seine typische Note.

LINSENSUPPE

für 4 Personen

Zutaten

250 g braune Linsen
Speckabschnitte und geräucherter Bauchspeck nach Belieben
1 Liter Fleischbrühe oder Wasser
2 Zwiebeln
1 Bund Suppengrün (1/4 Sellerieknolle, 2 Möhren, 1 Lauchstange)
6 Kartoffeln
1 EL Schmalz
Salz, Pfeffer
Petersilie

Zubereitung

Die Zwiebel schälen und würfeln. Zusammen mit den Speckabschnitten in etwas Schmalz anbraten. Mit der Brühe oder leicht gesalzenem Wasser ablöschen. Den Bauchspeck und die Linsen zugeben. Nach gut zehn Minuten das klein gewürfelte Gemüse zugeben. Mit Salz und Pfeffer würzen. Vor dem Servieren mit gehackter Petersilie überstreuen.

Gut zu wissen!

Getrocknete Bohnen und Erbsen müssen über Nacht in Wasser einweichen und separat vorkochen. Sie kommen ebenso wie die Graupen zum Schluss in den Eintopf.

TIPP

Auf ähnliche Weise lässt sich auch eine Weiße Bohnensuppe, eine Graue Erbsensuppe oder eine Graupensuppe bereiten.

MOOS
(GRÜNKOHL UNTEREINANDER)

für 4 Personen

Zutaten

1 kg Grünkohlblätter (ohne Stängel)
500 g geräucherter Bauchspeck am Stück oder in Scheiben oder ein durchwachsenes Rückenstück vom Schwein
nach Belieben auch etwas Schinkenspeck in Würfeln
2 Zwiebeln
750 g festkochende Kartoffeln
nach Bedarf etwas Stärkemehl zum Binden
Salz, Pfeffer, Nelken, Zucker

Zubereitung

Die Kohlblätter in einem Topf mit etwas Salzwasser ankochen, bis sie zusammenfallen. Auf einem Sieb abtropfen lassen. Die Kohlblätter klein hacken und beiseitestellen.
Das Fleisch in einen Topf geben, mit Wasser bedecken und mit dem Grünkohl, den klein gehackten Zwiebeln und den Schinkenspeckwürfeln eine gute Stunde kochen lassen. Nach zwanzig Minuten Kochzeit die geschälten und geviertelten Kartoffeln zugeben und den Eintopf mit Salz, Pfeffer, Nelken und Zucker würzen. Nach Bedarf mit etwas Stärkemehl binden.

Gut zu wissen!

Bei der „Lippischen Kohlwurst“ handelt es sich um eine kräftig geräucherte Rohwurst aus durchwachsenem Schweinefleisch. Früher gab man zu den gewolften Schlachtresten vom Schwein einen etwa gleich großen Anteil rohe Lunge. Das Brät wird mit Zwiebeln, Salz, Pfeffer, Majoran, Thymian und Piment gewürzt, in Naturdarm gefüllt und bis zu zwei Wochen geräuchert. Der Name der Wurst verrät, dass sie gerne für Eintöpfe mit Kohl verwendet wird.

TIPP

Wer mag, gibt kurz vor Garzeitende noch Kohlwurst oder Mettenden zum Eintopf und lässt diese mitziehen. Auch gebratene Spiegeleier schmecken lecker zum Eintopf.

LIPPISCHE ANANAS
(STECKRÜBENRAGOUT)

für 4 Personen

Zutaten

500 g Schweinefleisch, geräucherter Schweinebauch oder Rippchen
1 kg Steckrüben
750 g Kartoffeln
200 g Möhren
1/4 Sellerieknolle oder eine Lauchstange
1 Zwiebel
2 EL Schmalz
1 Lorbeerblatt
5 Wacholderbeeren
Petersilie
Pfeffer, Salz

Zubereitung

Das Gemüse putzen, schälen und würfeln. Die Zwiebel in Schmalz anschwitzen und nach und nach Sellerie, Möhren, Kartoffeln und Steckrüben zugeben und mit ausreichend Wasser auffüllen. Das Lorbeerblatt, die Wacholderbeeren und das Fleisch ebenfalls in den Topf geben. Salzen und pfeffern. Alles eine gute Stunde köcheln lassen. Mit gehackter Petersilie bestreut servieren.

Gut zu wissen!

Die Steckrübe ist ein besonders typisches Gemüse für den Bauerngarten. Sie wird wegen ihrer gelben Farbe gerne scherzhaft als „Lippische Ananas" bezeichnet. Sie diente früher in armen Zeiten als Kartoffelersatz und ist auch unter der Bezeichnung „Kläosterfinken", Kohlrübe, Erdrübe oder Bodenkohlerabi bekannt.

HOCHZEITSSUPPE

für 6–8 Personen

Zutaten

Für die Brühe
1 kg Rindfleisch (vorzugsweise hohe Rippe)
1 Huhn oder je 2 Hühnerschenkel und Brüste
Suppengemüse
Salz

Für die Einlage
Fadennudeln oder Reis
Blumenkohl-Röschen, Möhren-Stücke, Lauchringe

Für den Eierstich
4 Eier
250 ml Milch oder Sahne
Salz, Muskat

Zubereitung

Das Fleisch in 2 Liter kaltem Salzwasser aufsetzen. Die geputzten und klein geschnittenen Suppengemüse zugeben. Die Suppe etwa anderthalb Stunden auf mittlerer Flamme kochen lassen und absieben, nach Bedarf Fett abschöpfen. Das Suppenfleisch klein schneiden und in die abgesiebte Brühe geben. Ebenso Blumenkohlröschen, Möhrenstücke, Lauchringe und Fadennudeln zugeben. Noch einmal kurz köcheln lassen. Zum Schluss den Eierstich in die Suppe geben und mit gehackter Petersilie bestreuen. Für den Eierstich alle Zutaten leicht miteinander verquirlen. Die Eiermasse in eine gefettete Form geben und im Wasserbad stocken lassen. Den Eierstich stürzen und in Würfel schneiden oder mit einem Förmchen Muster ausstechen.

Gut zu wissen!

Fettsuppen auf Rind- oder Hühnerfleischbasis gab es früher zu besonderen Feiertagen. Neben Eierstich waren auch Mark- oder Grießklößchen eine beliebte Suppeneinlage.

DURCHEINANDER
VON SAUREN SCHNIBBELBOHNEN

für 4 Personen

Zutaten

1 kg Kartoffeln
3 EL Butter
500 g Saure Bohnen („Rheinische Schneidebohnen“)
80 g geräucherter Schinkenspeck
1 Zwiebel
1 TL Stärkemehl
Essig
Bohnenkraut
Salz, Pfeffer, Muskat

Gut zu wissen!

Auch mit frischen grünen Gartenbohnen gelingt der Eintopf. Auf ähnliche Weise bereitet man auch andere Durcheinander-Gerichte wie „Dicke Bohnen mit Speck“ oder „Sauerkraut mit weißen Bohnen“. Genau wie die Steckrübe war auch die Bohne früher ein wichtiger Kartoffelersatz.

Zubereitung

Die sauren Bohnen dem Beutel entnehmen und abtropfen lassen. Nach Geschmack etwas wässern, damit sie milder werden. In etwas Wasser die Bohnen etwa 15 Minuten garen und abschütten. Zwiebel und Schinkenspeck in kleine Würfel schneiden und in 1 EL Butter auslassen. Stärkemehl in 125 ml Wasser auflösen und unter Rühren zugeben. Wenn die Masse andickt, die abgeschütteten Bohnen zugeben. Mit Salz, Pfeffer und Bohnenkraut abschmecken und warm stellen. Die Kartoffeln schälen und in einer Schinkenbrühe oder als Salzkartoffeln bereiten. Wenn sie gar sind, mit 2 EL Butter stampfen und das Bohnengemüse darunterheben.

TIPP

Dazu passen gekochte Rippchen oder Bauchspeck. Man kann mehligkochende Kartoffeln auch in einer Schinkenbrühe garen und die Bohnen dann kurz vor Garzeitende ohne Mehlschwitze unterheben.

KARTOFFELSUPPE

für 4 Personen

Zutaten

100 g durchwachsener Speck
2 Zwiebeln
2 Möhren
¼ Sellerieknolle
1 Stange Lauch
600 g Kartoffeln
1 Liter Wasser oder Brühe
Sahne zum Abschmecken
frische gehackte Kräuter
Salz, Pfeffer

Zubereitung

Das Gemüse putzen, schälen und in kleine Würfel schneiden. Den Speck ebenso fein würfeln. Die Zwiebeln und den Speck in etwas Fett anschwitzen und mit der Brühe aufgießen. Die übrigen Zutaten zugeben und weich kochen lassen. Die Suppe mit einem Stampfer oder dem Pürierstab sämig machen. Mit Salz, Pfeffer und Sahne abschmecken und mit Kräutern bestreut servieren.

TIPP

Wer frische Bratwurst in Scheiben oder Mettwurst mit in die Suppe gibt, hat eine deftige Mittagsmahlzeit.

SPITZKOHLSUPPE

für 4 Personen

Zutaten

1 kleiner Spitzkohl
800 g Kartoffeln
800 ml Fleischbrühe
2 Zwiebeln
200 g durchwachsene Speck-würfel
Mettwürstchen nach Belieben
Salz, Pfeffer

Zubereitung

Den Weißkohl putzen, waschen und in feine Streifen schneiden. Die Kartoffeln und die Zwiebeln schälen und würfeln. Die Speckwürfel und Zwiebelwürfel in einem Topf auslassen, Kohl und Kartoffeln zugeben und mit der Brühe aufgießen. Das Gemüse gar kochen, pürieren und mit Salz und Pfeffer abschmecken. Nach Belieben mit Mettwürstchen servieren.

TIPP

Die Suppe schmeckt auch hervorragend mit Weißkohl oder Wirsing.

Warum der Apfel nach Ostwestfalen-Lippe gehört

In Ostwestfalen-Lippe spielen Streuobstwiesen seit dem 18. Jahrhundert eine bedeutende Rolle. So genannte „Baumgärten mit Obstbäumen“ fanden sich immer häufiger als Teil der Gartenkultur an heimischen Schlössern und Burgen, wie zum Beispiel am Schloss Vinsebeck im Kreis Höxter. Durch die Verbindungen der Klöster untereinander fand ein reger Erfahrungsaustausch über den Obstanbau statt. Und so erhielt der Klostergarten des Schlosses Corvey in Höxter durch das französische Kloster Corbie edle Obstsorten, die ehemals nicht in der Region heimisch waren.

Im ausgehenden 18. Jahrhundert fand eine systematische staatliche Förderung der entstandenen Baumschulen statt. Obst als Lebensmittel gewann zunehmend an Stellenwert. Noch heute verfügen die ländlichen Kreise Höxter und Paderborn über beachtliche Streuobstbestände – wozu auch große Gemeindeobstwiesen zählen. Zu den bekannten Sorten, die sich im Anbau bewährten und früher das Bild eines jeden Dorfes prägten, gehörten unter anderem der Bürener Zitronenapfel, der Wünnenberger Zuckerapfel, der Westfälische Gülderling, der Brakeler oder der Schöne aus Buke.

Nutzen der Streuobstwiesen

Noch bis in die 1950er-Jahre war fast jedes Dorf von Streuobstwiesen umgeben. Zusammen mit den Hecken boten die Bäume Schutz vor Sturm und Kälte sowie Lebensraum für viele Nützlinge. Die alten, an das Klima angepassten Obstsorten waren eine Nahrungsquelle für Mensch und Tier. Für den Wintervorrat kochte man die Früchte ein, entsaftete sie oder trocknete sie auf Gestellen. Man bereitete aus dem Saft Gelee, Sirup und Kraut. Die gewonnenen Erzeugnisse dienten in der Küche als natürliches Süßungsmittel und Geschmackszutat.

Alte Sorten wiederentdecken

Nach und nach verschwanden die Streuobstbestände weitgehend in ganz Deutschland. Die Erzeuger begannen die sparrig gewachsenen Bäume zugunsten rationellerer, niederstämmiger Obstplantagen zu roden. Handel und Verbraucher wünschten sich immer öfter genormtes und makelloses Obst. Mit den Streuobstwiesen wurde auch die darin heimische Tier- und Pflanzenwelt immer seltener. Gleichzeitig gestaltete sich das Obstsortiment im Handel kleiner und globaler. Alte und lokale Sorten sind inzwischen zu Raritäten geworden. Man findet sie in der Region noch bei einzelnen Direktvermarktern oder auf Obst- und Herbstmärkten. Wer die Spezialitäten ergattern kann, darf sich auf besondere Aromen freuen.

Der Obstlehrpfad in Lemgo und das „Arboretum Olderdissen - Museum für (alte) Obstsorten“ in Bielefeld informieren über typische Streuobstwiesensorten und bieten Führungen an.

LIPPER PUDDING

für 4 Personen

Zutaten

Für die weiße Creme
500 ml Milch
3 EL Zucker
1 Päckchen Vanillezucker
100 g geschälte, geriebene Mandeln
2 gestrichene EL Speisestärke
4 Eiweiß oder 400 ml Sahne, mit 2 EL Zucker gesüßt

Für die gelbe Creme
4 Eigelb
400 ml trockener Weißwein oder Apfelwein
4 EL Zucker
etwas abgeriebene Zitronenschale
1 gestrichener EL Speisestärke
Sahne und frische Früchte für die Dekoration

Zubereitung

Milch mit Zucker und Vanillezucker erhitzen. Mandeln einrühren und die in etwas kaltem Wasser angerührte Speisestärke zugeben. Die Masse kurz aufkochen und dann abkühlen lassen. Eiweiß oder Sahne mit Zucker abschmecken und steif schlagen. Unter die Creme-Masse heben und in Glasschalen füllen.
Für die zweite Creme den Wein mit Eigelb und Zucker verrühren und langsam erhitzen. Die in etwas kaltem Wasser angerührte Speisestärke zugeben und rühren, bis die Masse andickt. Die Creme etwas abkühlen lassen und über die erste Masse in den Glasschalen geben. Nach Belieben mit Sahne und frischen Früchten dekorieren.

TIPP

Raffiniert wird's, wenn man noch 2 EL Apfelbrand aus dem Paderborner Land oder Amaretto in die weiße Creme rührt.

WESTFÄLISCHE GÖTTERSPEISE

für 4 Personen

Zutaten

4 Scheiben Pumpernickel
250 ml Sahne
2 Päckchen Vanillezucker
250 g gesüßter Quark
200 g Preiselbeerkompott

Zubereitung

Pumpernickel zerkrümeln. Sahne steif schlagen und mit dem Vanillezucker mischen. Die Sahne mit dem Quark vermengen. Pumpernickelbrösel, Preiselbeerkompott und Sahne-Quark abwechselnd in Dessertschalen schichten. Mit Preiselbeerkompott garnieren und servieren.

Gut zu wissen!

Nicht nur die lange Backzeit von bis zu 24 Stunden bei etwa 100° C, sondern auch die Beigabe von Rübenkraut verleiht Pumpernickel einen süßen Geschmack.

TIPP

Wenn Sie statt Preiselbeerkompott angedickte Kirschen für das Dessert nehmen, die Pumpernickelbrösel mit 2 EL Rum oder Kirschwasser beträufeln und etwas geriebene Zartbitterschokolade beimischen, erhalten Sie eine Westfälische Quarkspeise.

SCHOKOLADENPUDDING
MIT VANILLESAUCE

für 4–8 Personen

Zutaten

Für den Pudding
2 Päckchen Schokoladen-puddingpulver
Mark einer Vanillestange
12–16 EL Zucker (je nach Vorliebe oder Herbheit des Kakaos)
1 l Milch

Für die Vanillesauce
1 Päckchen Vanillepuddingpulver
12 EL Zucker
1 l Milch
Schokoladenspäne für die Dekoration

Zubereitung

6 EL Milch mit dem Schokoladen-Puddingpulver anrühren. Den Rest der Milch mit dem Zucker zum Kochen bringen. Flüssiges Schokoladen-Puddingpulver zugeben und rühren, bis die Masse anzieht. Die Puddingcreme in kalt ausgespülte Förmchen füllen und erkalten lassen.
Die Vanillesauce nach dem oben genannten Verfahren ebenso bereiten und kalt oder warm zum Pudding servieren.

TIPP
Auch Eierlikör oder Schlagsahne passen zum Schokoladenpudding.

Gut zu wissen!

In Ostwestfalen-Lippe sind viele namhafte Firmen beheimatet. Die wohl mit bekannteste ist das Unternehmen Dr. Oetker in Bielefeld. Seine Anfänge nimmt der Familienkonzern 1891 dort in der Aschoff'sche Apotheke.
Dr. August Oetker gelingt es durch Tüftelei, das bereits erfundene Backpulver erstmals aus geschmacksneutralen Zutaten herzustellen und in ein exaktes Mischungsverhältnis für gelingsichere Backwaren zu bringen. Das Backpulver-Tütchen „Backin" wird der Renner.

HERRENCREME

für 6–8 Personen

Zutaten

2 Päckchen Puddingpulver Vanille oder
4 EL Stärkemehl und das Mark einer Vanillestange
12 EL Zucker
1 l Milch
250 ml Sahne
1 guter Schuss Rum
125 g fein gehackte Zartbitterschokolade
Schokoladendekor für die Garnierung

Zubereitung

6 EL Milch mit dem Puddingpulver anrühren. Den Rest der Milch mit dem Zucker zum Kochen bringen. Flüssiges Puddingpulver zugeben und rühren, bis die Masse anzieht. Die Puddingcreme erkalten lassen. Die Sahne steif schlagen und mit dem Rum und der Schokolade unter die Creme heben. Mit Schokoladendekor garnieren.

TIPP

Die Herrencreme ist im Sommer ein erfrischender Nachtisch, wenn man noch 500 g gesüßten Quark (10% Fett) unter die Masse zieht.

DICKER REIS

für 4–6 Personen

Zutaten

1 l Milch
250 g Reis
ein Stich Butter
4 EL Zucker
1 Vanillestange
1 Prise Salz
Zimtzucker zum Bestreuen

Zubereitung

Die Milch mit der aufgeschlitzten Vanillestange und der Prise Salz ankochen und den Reis zugeben. Diesen rund eine halbe Stunde simmern lassen. Dann die Butter und den Zucker unter Rühren zugeben. Noch weitere 10 Minuten bei sehr kleiner Flamme leise quellen lassen. Gelegentlich umrühren. Den Reis etwas abkühlen lassen und in eine Glasschüssel geben. Mit Zimtzucker bestreuen.

Gut zu wissen!

Aus ¼ l Wein, etwas Zucker, ½ TL Speisestärke und einem Eigelb lässt sich im Handumdrehen eine einfache Weinsauce zubereiten. Den Wein mit Zucker abschmecken, mit der Stärke und dem Eigelb verrühren und kurz aufkochen lassen.

TIPP

Den Milchreis kalt oder warm mit Fruchtkompott oder Weinsauce genießen.

GRIESSBREI MIT ROTER GRÜTZE

für 4–6 Personen

Zutaten

Für den Grießbrei

1 l Milch
4 EL Zucker
1 Vanilleschote
125 g Grieß
nach Geschmack 1 Eigelb,
1 Eiweiß
1 Prise Salz

Für die Rote Grütze

500 ml Kirschsaft
600 g Johannisbeeren, Erdbeeren, Himbeeren und Kirschen
4 EL Zucker und etwas mehr
2 EL Stärke

Zubereitung

Die Milch mit dem Salz zum Kochen bringen. Zucker und Grieß einrieseln lassen und unter Rühren kurz aufkochen lassen. Nach Gusto das verschlagene Eigelb unterrühren und das steif geschlagene Eiweiß unterheben. In kalt ausgespülte Förmchen oder eine Glasschüssel füllen.
Für die Grütze die Früchte entstielen. Die Kirschen entkernen. Die Erdbeeren halbieren oder vierteln. Die Früchte mit dem Zucker etwas Saft ziehen lassen und in einen Topf geben. Mit dem Kirschsaft auffüllen und zum Kochen bringen. Die Masse kurz aufkochen lassen und die in etwas kaltem Wasser angerührte Speisestärke zugeben. Je nach Säure der Früchte nachsüßen.
Grießbrei stürzen oder Nocken abstechen und mit der Roten Grütze kalt servieren.

TIPP

Zum Grießbrei passen auch leckere Fruchtsirupe oder Apfelkompott. Zum Dekorieren eignen sich frische Früchte oder geröstete Mandelblättchen.

STIPPMILCH

für 4 Personen

Zutaten

500 g Schichtkäse
4 EL Zucker
250 ml Milch
Zimt oder Früchte für die Dekoration

Zubereitung

Schichtkäse durch ein Sieb passieren und mit Milch und Zucker verrühren. Mit Zimt oder Früchten servieren.

Gut zu wissen!

Kalte oder warme Milchsuppen aus dicker Milch oder Buttermilch sind typisch für die ostwestfälische Küche. Es gibt sie in mannigfachen Variationen – mit und ohne eingebrocktem Brot. Früher wurden sie gerne zum Frühstück gereicht und auch abends genoss man oftmals „Soppen" oder Grützen.

LIPPISCHE KALTSCHALE

für 4 Personen

Zutaten

500 ml saure Sahne
500 ml dunkles Bier
4 EL Zucker
½ TL Zimt
4 Scheiben Pumpernickel
je 4 EL Korinthen und Rosinen
etwas abgeriebene Zitronenschale

Zubereitung

Die Korinthen in etwas warmem Wasser einweichen. Das Brot fein zerbröseln. Saure Sahne und Bier miteinander verrühren und Zucker, Zimt und Zitronenschale zugeben. Die Korinthen abtropfen lassen und mit dem Pumpernickel dazugeben. Einige Brösel zurückbehalten. Die Kaltschale in Dessertgläser füllen und kurz vor dem Servieren mit Rosinen und Pumpernickelbrösel dekorieren.

TIPP

Die Kaltschale schmeckt auch hervorragend, wenn man sie mit etwas Apfel- oder Rübenkraut süßt.

RHABARBER-CRUMBLE

für 4 Personen

Zutaten

Für die Rhabarber-Füllung
4 EL Zucker
4 Rhabarberstangen (Haut abziehen und in 1 cm breite Stücke schneiden)
1 Päckchen Vanillezucker

Für die Streuselmasse
125 g flüssige Butter
125 g Zucker
250 g Mehl

Zubereitung

Rhabarberstücke in wenig Wasser dünsten. Mit dem Zucker und Vanillezucker durchmischen und ziehen lassen. Für die Streuselmasse Butter, Zucker und Mehl mit den Händen locker durchkneten. Die Hälfte der Streusel in eine gefettete Auflaufform geben und die abgetropften Rhabarberstücke darübergeben. Mit dem Rest der Streuselmasse bedecken und eine gute halbe Stunde bei 180° C im vorgeheizten Ofen goldbraun backen lassen.

TIPP

Dazu schmeckt geschlagene Sahne, Vanillesauce oder Biersuppe. Außerhalb der Rhabarber-Saison lässt sich das Dessert auch mit gedünsteten Äpfel- oder Birnenstücken bereiten.

ERDBEERPARFAIT

für 6 Personen

Zutaten

4 Eigelb
100 g Zucker
1 Päckchen Vanillezucker
1 Prise Salz
500 g pürierte Erdbeeren
evtl. einen Schuss Orangenlikör oder Zitronensaft
einige geviertelte Erdbeeren
500 ml süße Sahne
Frische Erdbeeren oder Sahne zum Dekorieren

Zubereitung

Eigelb, Zucker, Vanillezucker und Salz schaumig rühren. Orangenlikör, Erdbeerpüree und Erdbeerstückchen zugeben und verrühren. Sahne steif schlagen und unter die Masse heben. Masse in eine kalt ausgespülte Kuchenform geben und mindestens fünf Stunden frieren lassen. Etwa 20 Minuten vor dem Servieren aus dem Kühlfach nehmen und antauen lassen. Mit frischen Erdbeeren dekorieren.

Gut zu wissen!

Wer lieber auf rohe Eier verzichten möchte: Das Parfait gelingt auch ohne Eigelb.

TIPP

Ein Teil der Sahne kann nach Belieben durch cremigen Naturjoghurt ersetzt werden.

SCHMALZÄPFEL MIT BIERSUPPE

für 4 Personen

Zutaten

Für die Schmalzäpfel
4 festfleischige Äpfel (z. B. Elstar oder Renette)
4 EL Butterschmalz
Zimtzucker zum Bestreuen

Für die Biersuppe
500 ml Milch
500 ml Bier
1 Vanillestange, aufgeschlitzt
1 Zimtstange
Etwas Abrieb von einer Zitrone
3 EL Zucker
1 TL Speisestärke
1 Eigelb

Gut zu wissen!

Zur Art des verwendeten Bieres gibt es im Bierland Ostwestfalen-Lippe unterschiedliche Meinungen. Die Biersuppe schmeckt aber sowohl mit untergärig als auch obergärig gebrautem Gerstensaft. Im Tecklenburger Land heißt die Biersuppe auch „Beerwarmbeer“.

Zubereitung

Die Äpfel waschen und das Kerngehäuse mithilfe eines Apfelausstechers herauslösen. Das Schmalz in einem Bräter auslassen. Die Äpfel in das heiße Fett geben und bei geschlossenem Deckel solange schmoren lassen, bis die Haut runzelig wird. Die Äpfel entnehmen und in eine Auflaufform setzen und im Backofen bei 160° C (Unter- und Oberhitze) etwas nachbacken lassen.
In der Zwischenzeit die Milch mit Zucker, Vanillestange und Zimtstange zum Kochen bringen. Einen Teil des Bieres mit der Stärke und dem Eigelb anrühren und zugeben. Den Rest des Bieres ebenfalls unterrühren. Die Suppe noch einmal kurz aufkochen lassen und sofort vom Herd nehmen. Die Vanille- und Zimtstange entfernen.
Die Äpfel aus dem Backofen nehmen, mit Zimtzucker bestreuen und zusammen mit der Biersuppe servieren.

PFLAUMENKOMPOTT IM GLAS

für 4 Gläser à 400 ml

Zutaten

300 g Zucker
½ TL Zimt
3 EL weißer Essig
2 Päckchen Vanillezucker oder aufgeschlitzte Vanillestangen
2,5 kg Pflaumen, Zwetschen oder Mirabellen
sterile Schraubgläser

Zubereitung

Aus 1 Liter Wasser und dem Zucker einen Sirup kochen. Zitronenscheiben und Gewürze zugeben und ziehen lassen. Die Pflaumen waschen und entsteinen, ggf. halbieren. Mirabellen mit Stein belassen. Die Früchte in die Gläser einschichten, bis kurz unter den Rand mit dem Gewürzsud auffüllen und die Gläser fest verschließen. Die Gläser mit den Früchten in einem großen Topf einkochen lassen. Dafür ein feuchtes dünnes Baumwollhandtuch in den Topf legen. Die Gläser darauf platzieren, sodass sie nicht wackeln oder anstoßen. Den Topf mit Wasser auffüllen. Die Gläser sollten etwas mehr als die Hälfte mit dem Wasser bedeckt sein. Deckel auflegen und zum Kochen bringen, dann etwas herunterschalten und rund 30–40 Minuten einkochen lassen. Das Wasser sollte die gesamte Einkochzeit knapp 100° C haben.
Die Gläser bis zum Verzehr kühl und dunkel lagern.

TIPP

Für Rotwein-Pflaumen einen Teil des Wassers durch trockenen Rotwein ersetzen!

QUITTENKONFEKT

für 2 Kuchenbleche

Zutaten

8 Apfel- oder 6 Birnen-Quitten
Saft von drei Zitronen
1 kg Zucker und mehr

Gut zu wissen!

Der Flaum der Quitte enthält Bitterstoffe und sollte daher beim Waschen gut abgerieben werden.

Zubereitung

Die Quitten in warmem Wasser waschen und Flaum abreiben. Die Früchte im Ganzen wie Pellkartoffeln in einem großen Topf mit Wasser aufsetzen, sodass sie gut bedeckt sind. Bei geschlossenem Deckel kochen lassen. Wenn die Quitten gar sind (Einstechprobe), die Früchte entnehmen und etwas abkühlen lassen. Die Quitten pellen, vierteln und das Kerngehäuse sowie den Fruchtstrunk großzügig entfernen. Die Masse pürieren und abwiegen. Mit der gleichen Menge Zucker und dem Zitronensaft abschmecken und unter ständigem Rühren zu einem zähen Brei einköcheln lassen. Auf ein mit Backpapier ausgelegtes Backblech streichen (ca. 3–5 mm dick) und trocknen lassen. Nach dem Auskühlen die Masse mit dem Backpapier auf ein Trockengitter geben und drei Wochen im Wohnzimmer etc. auf dem Schrank bedeckt mit einem Leinentuch nachtrocknen lassen. Dann in Rauten oder Vierecke schneiden und in Zucker wälzen. In einer Dose (Lagen von Butterbrotpapier dazwischenschichten) an einem kühlen Ort aufbewahren. Das Konfekt hält sich rund ein halbes Jahr.

TIPP

Das Kochwasser der Quitte gibt mit der gleichen Menge Zucker oder Gelierzucker 1:1 und dem Saft von 1–2 Zitronen aufgekocht ein wunderbares Gelee. Für ein besseres Aroma und eine gute Gelierfähigkeit empfiehlt es sich, die Kerne und Schalen der Quitten mit dem Kochwasser und einigen Zitronenscheiben aufzukochen und ziehen zu lassen.

REGISTER